PETIT VOCABULAIRE actuel

Édition coordonnée par Sylvie Persec

anglais

Ann Horn
Agrégée d'anglais à l'Université Paris 6

Claude Gosset
Professeur certifié d'anglais

OPHRYS

ISBN : 978-2-7080-1167-0

Éditions Ophrys
25, rue Ginoux – 75015 Paris
www.ophrys.fr

Conception graphique originale **céline farez _ virginie rio**
Réalisation **Desk**

Introduction

En **36 chapitres**, **5 500 mots** et plus de **350 mises en contexte**, cet ouvrage propose à la fois le vocabulaire de base du niveau **B1** du *cadre européen* et le vocabulaire plus élaboré du niveau **B2**, qui permettent de lire les documents les plus récents sans avoir à consulter un dictionnaire, et de s'exprimer sur des sujets contemporains.

Le vocabulaire nécessaire en situation d'examen

L'ouvrage s'adresse à ceux qui veulent **préparer** avec efficacité mais également avec précision, **examens** (baccalauréat) et **concours** (professorat des écoles, concours administratifs, entrée en écoles d'ingénieur) de niveau **B1** à B2.

Dans leur grande majorité, les examens et concours proposent au candidat un **document à lire et à commenter en langue étrangère.** Il peut également s'agir d'un exposé à présenter ou d'un rapport à rédiger. Les sujets et thématiques qui « tombent » à l'examen sont assez bien connus et les documents sont le plus souvent extraits de la presse récente.

Pour pouvoir lire et commenter un article de presse ou tout document contemporain sur le monde d'aujourd'hui et de demain, il est nécessaire de **s'approprier**, puis de pouvoir rapidement **réviser** le vocabulaire des thématiques « consacrées », faits de société et thèmes d'actualité.

Le vocabulaire le plus actuel

Le classement des mots en 36 chapitres thématiques repose sur un découpage du lexique en trois grands domaines :

- la sphère « privée »,
- la vie publique, politique, citoyenne, sociale et économique, etc.
- et enfin les problématiques « globales », environnement, climat, multimédias.

Les mots les plus actuels ont été collectés dans les documents récents de la presse écrite, télévisuelle ou sur les sites institutionnels consultables sur internet (*Conseil de l'Europe*, par exemple).

À ces mots, s'ajoutent les mots « essentiels » du vocabulaire de base : description du corps humain, des sentiments, de l'habitat, de la vie familiale ; dans ces chapitres également, une large place a été faite aux mots qui reflètent les problématiques contemporaines et les « questions actuelles ».

Un classement thématique et des mots en contexte

Le découpage thématique en 36 chapitres permet à l'utilisateur de mieux mémoriser le vocabulaire relatif à un sujet particulier et donc de « mobiliser » rapidement les mots dont il va avoir besoin pour s'exprimer. La présentation d'**un même thème sur une seule double page** (ou sur trois pages tout au plus) donne à cet ouvrage une maniabilité qui « fait gagner du temps ».

Le classement des mots en **trois catégories – noms, adjectifs, verbes –** permet d'éviter un grand nombre d'erreurs de construction syntaxique.

Par ailleurs, **à l'intérieur de chaque chapitre, le classement thématique** en rubriques et sous-rubriques permet d'apprendre et de mieux mémoriser les mots qui sont proches par le sens.

Enfin, la rubrique ***Les mots en contexte*** introduit expressions courantes, imagées ou idiomatiques ou références culturelles.

Dans la même collection : trois autres *Petits vocabulaires actuels* en allemand, espagnol et italien

Le découpage en 36 thématiques et l'établissement des listes de mots « incontournables » pour chaque thème, se sont faits grâce à la concertation de plusieurs linguistes, spécialistes d'anglais, d'allemand, d'espagnol et d'italien, qui ont confronté l'évolution des thématiques les plus récemment traitées dans la presse d'aujourd'hui dans les quatre langues. Cette réflexion a permis de faire apparaître certaines spécificités culturelles du lexique de chacune des langues, spécificités qui sont tout particulièrement mises en lumière dans les rubriques *Les mots en contexte*.

Nous espérons que notre travail vous sera utile.

Les auteurs

Annexes

On trouvera également en fin d'ouvrage :

1) une liste alphabétique des verbes irréguliers ;
2) un index des mots clés en anglais et en français (les renvois se font aux chapitres).

Choix typographiques et abréviations

1) **Les voyelles accentuées** sont en caractères gras pour les mots susceptibles de poser un problème de prononciation.

2) **Le signe** → renvoie à un autre chapitre où l'on trouvera des termes appartenant au même champ sémantique.

3) **Abréviations**

★ :	verbe irrégulier, voir liste p. 101
sb :	*somebody*
sth :	*something*
qqn :	quelqu'un
qqch :	quelque chose
pl. :	pluriel
inv. :	invariable
fam. :	familier
péj. :	péjoratif
Br :	anglais britannique
US :	anglais américain

4) **Noms dénombrables et indénombrables :** les noms indénombrables se distinguent par l'absence d'article.

Sommaire

LES PLUS

01.

The human body

Le corps humain

Voir aussi les chapitres 2 et 11.

LES NOMS

The body	Le corps
the skeleton	le squelette
a bone	un os
a muscle	un muscle
the flesh	la chair
the skin	la peau
blood	le sang
red/white corpuscles	des globules rouges/blancs
a cell	une cellule
a vein	une veine
an artery	une artère
a nerve	un nerf
the nervous system	le système nerveux

The head	La tête
the skull	le crâne
the brain	le cerveau
the forehead	le front
the face	le visage
the features	les traits du visage
a wrinkle	une ride
the complexion	le teint
the neck	le cou
the nape of the neck	la nuque
the hair	les cheveux
a hair	un cheveu/un poil
a m(o)ustache	une moustache
a beard	une barbe
the eyes	les yeux
the eyebrows	les sourcils
the eyelashes	les cils
the eyelids	les paupières
the eyeballs	les globes oculaires
the ears	les oreilles
the cheeks	les joues
the nose	le nez
the jaws	les mâchoires
the chin	le menton
the mouth	la bouche
the tongue	la langue
the palate	le palais
the lips	les lèvres
the throat	la gorge
a tooth (pl. teeth)	une dent
the breath	l'haleine

The trunk	Le tronc
the back	le dos
the backbone	la colonne vertébrale
the spinal cord	la moelle épinière
the chest	la poitrine
a rib	une côte
the breasts	les seins
the heart	le cœur
the lungs	les poumons
the liver	le foie
the stomach	l'estomac
the belly	le ventre
the bowels	les intestins
the kidneys	les reins
the genitals	les organes génitaux
the vagina	le vagin
the penis	le pénis
the testicles	les testicules

The limbs	Les membres
an arm	un bras
a shoulder	une épaule
an elbow	un coude
a hand	une main
a fist	un poing
a wrist	un poignet
a finger	un doigt
a thumb	un pouce
a nail	un ongle
a joint	une articulation

Les mots en contexte

He's right-handed/left-handed. Il est droitier/gaucher. *She's a tall, blue-eyed girl.* C'est une grande fille aux yeux bleus. *She's six feet tall.* Elle mesure 1,80 m. *He weighs 150 pounds.* Il pèse 68 kg. *He's an old white-haired gentleman.* C'est un vieux monsieur aux cheveux blancs. *He looks like his father.* Il ressemble à son père. *I'm as blind as a bat and need to wear lenses all the time.* Je suis myope comme une taupe et dois porter des lentilles en permanence. *My hair needs washing every other day.* Il me faut me laver les cheveux tous les deux jours. *You really are a pain in the neck!* Tu me casses les pieds ! *I haven't got the nerve to do that.* Je n'ai pas le courage de faire cela. *What a nerve!* Quel culot ! *He has broken his hip.* Il s'est cassé le col du fémur. *If you want to get back into shape, you need to work out more.* Si vous voulez retrouver la ligne, il vous faut faire plus d'exercice. *She's managed to keep her figure.* Elle a réussi à garder la ligne.

a leg	une jambe
a knee	un genou
a thigh	une cuisse
a buttock	une fesse
the bottom	le derrière
the pelvis	le bassin
the hip	la hanche
a foot (pl. feet)	un pied
an ankle	une cheville
a heel	un talon
a toe	un orteil

LES ADJECTIFS

hairy	velu/poilu
curly	bouclé
dark-haired	brun
blond/blonde	blond(e)
red-haired	roux
bald	chauve
tall	grand
small/short	petit
fat	gros
thin	maigre
slim	mince
slender	élancé
attractive	séduisant
good-looking	beau/belle
handsome	beau (homme)
beautiful	beau/belle
pretty	joli
sweet/cute	mignon
plain	quelconque/laid
ugly	laid
wrinkled	ridé
short-sighted	myope
blind	aveugle
deaf	sourd
deaf-and-dumb	sourd-muet

LES VERBES

★ *have a bath/ a shower*	prendre un bain/ une douche
★ *have a wash/wash*	se laver
clean one's teeth	se laver les dents
brush/ comb one's hair	se brosser/se peigner les cheveux
★ *do one's hair*	se coiffer
shave	se raser
★ *make up*	se maquiller
★ *stand/stand up*	se tenir debout/ se lever
★ *sit/sit down*	être assis/s'asseoir
★ *lie/lie down*	être allongé/ s'allonger
★ *kneel/kneel down*	être agenouillé/ s'agenouiller
walk	marcher/aller à pied
★ *run*	courir
★ *bleed*	saigner
★ *beat*	battre (cœur)
breathe	respirer
breathe in/out	inspirer/expirer
★ *be overweight*	être trop gros
★ *put on weight*	grossir
diet	faire un régime

02.

The five senses and speech

Les cinq sens et la parole

Voir aussi les chapitres 1 et 11.

LES NOMS

Sight	La vue
eyes	les yeux
eyesight	la vue
blindness	la cécité
tears	des larmes
glasses	des lunettes
contact lenses	des lentilles / verres de contact
Hearing	L'ouïe
an ear	une oreille
deafness	la surdité
a sound	un son
(a) noise	(un) du bruit
a cry	un cri
Taste	Le goût
the tongue	la langue
(a) taste	(un) du goût
a flavour	une saveur / un parfum (alimentaire)
seasoning	l'assaisonnement
Smell	L'odorat
the nose	le nez
the nostrils	les narines
a sense of smell	l'odorat
a smell	une odeur
(a) perfume	(un) du parfum
Touch	Le toucher
a finger	un doigt
a thumb	un pouce
a hand	une main
the skin	la peau
Speech	La parole
the mouth	la bouche
the lips	les lèvres
the voice	la voix
a language	une langue
the mother tongue	la langue maternelle
a foreign language	une langue étrangère
signing / sign language	le langage des signes
slang	l'argot
pronunciation	la prononciation
a word	un mot
a sentence	une phrase
a speech	un discours
a debate	un débat
a discussion	une discussion
an answer	une réponse
an argument	une dispute / discussion
a quarrel	une querelle
a row	une violente dispute
a joke	une plaisanterie
laughter	des rires
nonsense	des absurdités

LES ADJECTIFS

blind	aveugle
long-sighted	presbyte
short-sighted	myope
colour-blind	daltonien
deaf	sourd
hard of hearing	dur d'oreille
silent	silencieux
dumb	muet / idiot
tasty	qui a bon goût
salty	salé
savoury	non sucré
sweet	sucré

Les mots en contexte

He looks tired. Il a l'air fatigué. *She looks like her mother.* Elle ressemble à sa mère. *What's he like?* Comment est-il ? (→ description) *How do you feel?* Comment vous sentez-vous ? *It feels soft.* C'est doux au toucher. *What does it taste like?* De quoi cela a-t-il le goût ? *Taste this wine!* Goûte ce vin ! *It tastes really good.* Il est vraiment bon. *It tastes of raspberries.* Il a un goût de framboises. *The boy's room smelled awful.* La chambre du garçon sentait très mauvais. *He sounded really fed up.* À sa voix, on comprenait qu'il en avait vraiment assez. *You sound like my father.* On croirait entendre mon père. *He told me to wait outside.* Il m'a dit d'attendre dehors. *He told me a fascinating story.* Il m'a raconté une histoire fascinante. *What did he say?* Qu'a-t-il dit ? *He said he was hungry.* Il a dit qu'il avait faim. *They're out of hearing now.* Ils sont trop loin pour entendre. *Out of sight, out of mind.* Loin des yeux, loin du cœur.

LES VERBES

★ *have a look at*	regarder / jeter un coup d'œil
look	avoir l'air
look at	regarder (qqch d'immobile)
look for	chercher des yeux
look like	ressembler à
★ *make out*	distinguer
watch	regarder (qqch de mobile)
★ *see*	voir
stare at	regarder fixement
★ *hear*	entendre
★ *hear of*	entendre parler de
★ *hear from*	avoir des nouvelles de
listen to	écouter
sound like	avoir l'air (d'après le son)
lick	lécher
taste	goûter
taste of / like	avoir le / un goût de
sniff	renifler
★ *smell*	sentir qqch / avoir une certaine odeur
★ *stink*	sentir très mauvais
touch	toucher
★ *feel*	(se) sentir / palper
★ *feel like*	donner l'impression au toucher
agree with	être d'accord avec
answer	répondre à
argue	se disputer / affirmer que
ask	demander
chat	bavarder
gossip	faire des commérages
claim	prétendre
deny	nier
discuss	discuter de / examiner
giggle	avoir le fou rire
laugh at	se moquer de
pronounce	prononcer
★ *say*	dire
scream	hurler
shout (at)	crier
★ *speak*	parler
talk	parler / discuter
tease	taquiner
★ *tell*	dire qqch (à qqn)
sigh	soupirer
whisper	chuchoter

bitter	amer
hot	relevé
mouth-watering	appétissant
spicy	épicé
tasteless	sans saveur
smelly	qui sent mauvais
articulate	clair / qui s'exprime bien
confused	confus / embrouillé
fluent	qui parle couramment
outspoken	qui ne mâche pas ses mots
rude	impoli / grossier

03.

Feelings

Les sentiments

Voir aussi le chapitre 4.

LES NOMS

Love and hatred	**L'amour et la haine**
passion	la passion
affection	l'affection
a liking	un penchant
desire	le désir
trust	la confiance
indifference	l'indifférence
mistrust	la méfiance
jealousy	la jalousie
dislike	l'antipathie
fury	la furie
loathing	la répugnance
scorn, disdain	le dédain
contempt	le mépris
a friend	un ami
friendship	l'amitié
an enemy	un ennemi
goodness	la bonté
tolerance	la tolérance
faithfulness	la fidélité
happiness	le bonheur
joy	la joie
pleasure	le plaisir
enthusiasm	l'enthousiasme
Worry and sorrow	**L'inquiétude et la tristesse**
anxiety	l'anxiété
apprehension	l'appréhension
~~*a foreboding*~~	~~un pressentiment~~
care	le souci/l'attention
concern	le souci/l'intérêt
fear	la crainte
terror	la terreur
despair	le désespoir
~~*despondency*~~	~~l'abattement~~
grief	la peine
misery	la souffrance
trouble	des ennuis
sadness	la tristesse
unhappiness	le malheur
stress	le stress
aggressivity	l'agressivité

LES ADJECTIFS

happy	heureux
glad	content
merry	joyeux
pleasant	agréable
attractive	attirant
(dis)pleased with	(mé)content de
lively	vif
genial	jovial
funny	amusant
fascinating	fascinant
interesting	intéressant
wonderful	merveilleux
boring	ennuyeux
dreary	monotone
tedious	fastidieux
angry at/with sb	en colère après qqn
mad at sb	furieux après qqn
touchy	susceptible
aggressive	agressif
weak	faible
dejected	abattu
stressed	stressé
pessimistic	pessimiste
depressed	déprimé
upset	contrarié
sad	triste
unhappy	malheureux
melancholy	mélancolique
moody	d'humeur changeante

Les mots en contexte

Cheer up! Courage ! *He lost his temper.* Il se mit en colère. *He's in a bad temper/mood.* Il est de mauvaise humeur. *Don't panic!* Pas de panique ! *I'm fed up with you!* J'en ai assez de toi ! *He has a liking for you.* Il a de la sympathie/un penchant pour toi. *He fell for a young girl but she did not return his love.* Il est tombé amoureux d'une jeune fille mais ce n'était pas réciproque. *He fell in love at first sight.* Ce fut le coup de foudre. *Stop feeling sorry for yourself.* Arrête de t'apitoyer sur ton sort. *He doesn't bear you a grudge.* Il ne t'en veut pas. *I won't hold it against you.* Je ne vous en tiendrai pas rigueur. *I don't care whether he comes or not.* Ça m'est égal qu'il vienne ou non. *What a shame!/What a pity!* Quel dommage ! *Shame on you!* Quelle honte !

wretched	malheureux
shy	timide
weary	las
worried	inquiet
harsh	dur / impitoyable
despicable	méprisable
disdainful	dédaigneux
contemptuous	méprisant
scornful	méprisant
wicked / mean	méchant / mauvais
merciless	impitoyable
intolerant	intolérant
selfish	égoïste
envious	envieux
jealous	jaloux
scared	effrayé
dreadful	affreux
awful	épouvantable
balanced	équilibré
nice, gentle	gentil
~~*sympathetic*~~ friendly	sympathique amical
kind-hearted	qui a bon cœur
faithful	fidèle
friendly sympathetic	amical compatissant
loving	aimant / affectueux
sensitive	sensible
sober	sérieux / pondéré
reliable	sur qui on peut compter
concerned	soucieux
optimistic	optimiste
trustworthy	digne de confiance

LES VERBES

★ *feel*	éprouver / ressentir
worship	adorer
love	aimer
★ *fall in love*	tomber amoureux
like	aimer (bien)
be fond of	aimer / chérir
long for	avoir hâte de
trust sb	faire confiance à qqn
care for sb	tenir à qqn
enjoy	apprécier
prefer	préférer
worry	s'inquiéter
fret	se tracasser
dislike, detest	détester
loathe, hate	haïr
mistrust sb	se méfier de qqn
despise	mépriser
please	plaire
bore	ennuyer
suffer	souffrir
hope	espérer
laugh	rire
smile	sourire
cry	pleurer
sob	sangloter

04.

Thinking and will

La pensée et la volonté

Voir aussi le chapitre 3.

LES NOMS

Intelligence	**L'intelligence**
knowledge	la connaissance
the intellect	l'intellect
memory	la mémoire
the intelligentsia	l'intelligentsia
logic	la logique
reason	la raison
reasoning	le raisonnement
mind	l'esprit
will/willpower	la volonté
a will	un testament
a wish	un souhait

A thought	**Une pensée**
an idea	une idée
an opinion	une opinion
a theory	une théorie
a hypothesis	une hypothèse
a brain wave	une idée géniale
a reason	une raison
a concept	un concept
a point of view	un point de vue
an argument	un argument / une discussion
a decision	une décision
a misunderstanding	un malentendu
a choice	un choix
subjectivity	la subjectivité
objectivity	l'objectivité
a prejudice	un préjugé
a bias	un parti pris
wisdom	la sagesse
(common) sense	le bon sens
a thinker	un penseur
a philosopher	un philosophe
a genius	un génie
a whiz kid	un enfant surdoué
a fool	un imbécile
a blockhead	un crétin
a dunce	un cancre

the brain	le cerveau
grey matter	la matière grise
the IQ (intellectual quotient)	le QI
a gift	un don

Willpower	**La volonté**
the will to do sth	la volonté de faire qqch
a target/an aim	un but
an objective	un objectif
a resolution	une résolution
determination	la détermination
a purpose	une intention
obstinacy	l'obstination

LES ADJECTIFS

intelligent	intelligent
sensible	sensé / plein de bon sens
logical	logique
intellectual	intellectuel
clever	astucieux / malin
bright	brillant
wise	sage / judicieux
brainy	intelligent / doué
gifted / exceptional (US)	surdoué
sharp	pénétrant / vif
highbrow (péj.)	intello
shrewd	perspicace / habile
canny	malin / futé
smart	intelligent / astucieux
skilful/skillful	habile
versatile	doué en tout
thoughtful	réfléchi / sérieux
quick-thinking	à l'esprit vif
broad-minded	large d'esprit
knowledgeable	bien informé

Les mots en contexte

I think you're right (Br)./ I guess you're right (US). Je pense que tu as raison. *Think of me!* Pense à moi ! *I've been thinking.* J'ai réfléchi. *I've spent hours thinking it over but I can't make up my mind.* J'ai passé des heures à y réfléchir mais je ne peux pas me décider. *That's wishful thinking.* C'est prendre ses désirs pour des réalités. *He is thought to have died in a car crash.* On dit qu'il serait mort dans un accident de voiture. *She was considered to be the best actress.* On la considérait comme la meilleure actrice. *I don't remember his name.* Je ne me souviens pas de son nom. *I remember seeing him with her.* Je me rappelle l'avoir vu avec elle. *That rings a bell!* Ça me rappelle quelque chose ! *I'm at my wit's end and I've no idea what to do.* Je suis à bout d'arguments et ne sais plus quoi faire. *Stop arguing!* Arrêtez de vous disputer ! *Your idea makes sense!* Ton idée est logique ! *It's up to you.* À toi de décider. *Nonsense!* Tout cela est stupide ! *When there is a will, there is a way.* Quand on veut, on peut.

silly/foolish	bête
stupid	stupide
daft (fam.) / dumb (US, fam.)	stupide
stubborn	têtu/borné
wilful (Br)/willful (US)	entêté/obstiné
narrow-minded	étroit d'esprit
dull	borné/limité
backward	attardé
objective	objectif
subjective	subjectif
realistic	réaliste
idealistic	idéaliste
biased	de parti pris
prejudiced	qui a des préjugés
responsible	responsable
self-willed	volontaire
reluctant	réticent
irresolute	irrésolu
witty	spirituel
ironical	ironique
funny	drôle
humorous	humoristique

LES VERBES

★ think of sth	penser à qqch
★ think sth over	réfléchir à qqch
guess	deviner
guess (US)	penser/supposer/croire
★ understand	comprendre
★ mean	signifier/vouloir dire
analyse	analyser
★ come to the conclusion	parvenir à la conclusion
realize	se rendre compte
reason	raisonner
deduce	déduire
conclude	conclure
remember	se souvenir
remind sb of sth	rappeler qqch à qqn
★ forget	oublier
memorize	mémoriser
imagine	imaginer
argue	argumenter/se disputer
agree with sb	être d'accord avec qqn
disagree with sb	être en désaccord avec qqn
criticize	critiquer
★ make up one's mind	se décider
★ make a decision	prendre une décision
★ make a mistake	se tromper
judge	juger
hesitate	hésiter
convince	convaincre
weigh the pros and cons	peser le pour et le contre

05.

Housing

L'habitat

Voir aussi les chapitres 6 et 27.

LES NOMS

a house	une maison
house-hunting	la recherche de logement
a house-warming party	une pendaison de crémaillère
housing problems	les problèmes de logement
the homeless	les sans-abri
a cottage	une maison de campagne
a detached house	un pavillon
a semi(-detached house)	une maison jumelée
an estate/ a project (US)	un lotissement, une cité
a housing development	un grand ensemble
a flat (Br)/ *an apartment* (US)	un appartement
a block of flats	un immeuble
a block (US)	un pâté de maisons
a tower block	une tour
a condominium (US)	une copropriété
a council house/flat	une H.L.M. (un logement social)
a skyscraper	un gratte-ciel
a shelter	un abri
a removal	un déménagement
(an) eviction	une expulsion
a landlord/ landlady	un logeur/ une logeuse
the owners/ co-owners	les (co-) propriétaires
a caretaker/ janitor (US)	un concierge/ un gardien
a tenant	un locataire
the rent	le loyer
for rent/for sale	à louer/à vendre
a lease	un bail
real-estate	l'immobilier
an estate-agent	un agent immobilier
a building contractor	un entrepreneur
a developer	un promoteur
the syndic/ managing agent	le syndic
charges	les charges
the land tax	les impôts fonciers
local taxes/ council taxes (Br)	les impôts locaux

Outside — À l'extérieur

a wall	un mur
the front	la façade
scaffolding	un échafaudage
a balcony	un balcon
the railing	la rampe
the shutters	les volets
a blind	un store
the roof	le toit
a tile	une tuile
a gutter/drainpipe	une gouttière
the chimney	la cheminée
an alarm system	un système d'alarme
the door code	le digicode
the entry phone	l'interphone
a lift/an elevator (US)	un ascenseur
(a flight of) stairs	des escaliers
a step	une marche
a floor/storey (US)	un étage
the doorbell	la sonnette
the garage	le garage
the letterbox/ mailbox (US)	la boîte à lettres
the car park/ parking lot (US)	parking (place de)

Les mots en contexte

Their house is up for sale. Leur maison est à vendre. *A fully-fitted kitchen.* Une cuisine équipée. *They are hoping to move out of their condo (US) and into a single-family home.* Ils espèrent pouvoir quitter leur immeuble pour emménager dans une maison individuelle. *We have a four-bedroom house with swimming-pool.* Nous avons une maison de quatre pièces avec piscine. *We need to find a place with more space to accommodate our children.* Nous avons besoin de trouver un endroit plus spacieux où nous puissions loger nos enfants. *Demographic changes and the growth in single-person households have contributed to housing costs.* Les changements démographiques et l'augmentation du nombre de familles monoparentales ont contribué à faire augmenter les prix des logements.

Inside	À l'intérieur
a window	une fenêtre
a window-pane	un carreau
a French window	une porte-fenêtre
double glazing	le double vitrage
the curtains	les rideaux
a door	une porte
a partition wall	une cloison
the floor	le sol
the ceiling	le plafond
a beam	une poutre
the wallpaper	le papier peint
the paintwork	les peintures
the landing	le palier
a corridor/passage	un couloir
a room	une pièce
a bedroom	une chambre
the dining room	la salle à manger
the living room	le salon
the sitting room/the lounge	le salon
a fire place	une cheminée
the bathroom	la salle de bains
the bath	la baignoire
the shower	la douche
the kitchen	la cuisine
the study	le bureau
the toilet/loo (Br)/ *bathroom* (US)	les toilettes
the hall	l'entrée
the basement	le sous-sol
the cellar	la cave
the attic	le grenier
air conditioning	la climatisation
the heating	le chauffage
central heating	le chauffage central
a radiator	un radiateur

LES ADJECTIFS

cosy	douillet
deserted	désert
dilapidated	en mauvais état / délabré
luxurious	luxueux
outstanding	exceptionnel
roomy	spacieux
soundproof	insonorisé
uncomfortable	peu confortable

LES VERBES

★ *build*	construire
★ *have a house built*	faire construire une maison
★ *buy*	acheter
★ *sell*	vendre
own	posséder
★ *find lodgings/housing/a home*	trouver un logement
★ *find accommodation*	trouver un hébergement
★ *put up friends*	loger des amis
★ *let*	louer (pour un propriétaire)
rent	louer (pour un locataire)
move in/out	emménager / déménager
demolish	démolir
fix	réparer
decorate	peindre et tapisser
knock down	abattre
paper the walls	tapisser
renovate	rénover
refurbish	rénover (décoration)

06.

At home

Chez soi

Voir aussi le chapitre 5.

LES NOMS

The kitchen	La cuisine
a bottle opener	un ouvre-bouteilles
a coffee machine	une machine à café
a cooker	une cuisinière (équipement)
a corkscrew	un tire-bouchon
crockery	la vaisselle
a cup	une tasse
a cupboard	un placard
cutlery	des couverts
a dishwasher	un lave-vaisselle
a drying-up cloth	un torchon pour la vaisselle
a dustbin	une poubelle
a fitted kitchen	une cuisine intégrée
a fork	une fourchette
a freezer	un congélateur
a fridge	un réfrigérateur
a frying pan	une poêle
a jug	un pichet
a kettle	une bouilloire
the kitchen roll	le rouleau d'essuie-tout
kitchen paper	l'essuie-tout
a tissue	un mouchoir en papier
a knife	un couteau
a ladle	une louche
a lid	un couvercle
a microwave (oven)	un (four à) micro-ondes
a blender	un mixer
(with) modern conveniences	(avec) tout le confort
a plate	une assiette
a potato peeler	un épluche légumes
a pressure cooker	une cocotte minute
a saucer	une soucoupe
a saucepan	une casserole
a shelf (pl. shelves)	une étagère
a sink	un évier
a spoon	une cuillère
a tap	un robinet
a tin-opener	un ouvre-boîtes
a washing machine	un lave-linge
the laundry	le linge sale
a wooden spoon	une cuillère en bois

The hall	L'entrée
a bell	une sonnette
a mat	un paillasson
a front door	une porte d'entrée
a handle	une poignée de porte
a key	une clé
a lock	une serrure
a passage/corridor	un couloir

The bathroom	La salle de bains
a bath	une baignoire
a bath mat	un tapis de bain
a flannel	un gant de toilette
a towel	une serviette
a hairdryer	un sèche-cheveux
a mirror	un miroir
soap	le savon
a shower	une douche
a tap (Br)/faucet (US)	un robinet
toilet paper	le papier toilette

the sitting room	le salon
an armchair	un fauteuil
a bookcase	une bibliothèque (meuble)
a coffee table	une table basse
a couch/sofa/settee	un canapé
a sofa bed	un canapé-lit
a cushion	un coussin
a fireplace	une cheminée
hi-fi equipment	la hi-fi

Les mots en contexte

Have you seen Sam's new kitchen? She's got all the latest mod cons and doesn't need to spend all her spare time doing household chores. As-tu vu la nouvelle cuisine de Sam ? Elle a plein d'appareils dernier cri et n'est donc pas obligée de consacrer tout son temps libre aux tâches ménagères. *But she still has to make her bed and do the ironing and as far as I know she hasn't got a home help so there's nobody to clear up the mess her young kids make.* Oui, mais il lui reste toujours son lit à faire et le repassage et autant que je sache, elle n'a pas d'aide ménagère, il n'y a donc personne pour ranger le désordre laissé par ses jeunes enfants. *Tip of the week: how to scare off burglars. Install lights triggered by sensors and don't leave keys under the mat.* Astuce de la semaine : Comment faire fuir les cambrioleurs ? Installez des lumières qui se déclenchent grâce à des capteurs et ne laissez pas les clés sous le paillasson.

a lamp	*une lampe*
a lamp shade	*un abat-jour*
a rug	*un petit tapis*
a sideboard	*un buffet*

The bedroom	La chambre
an alarm clock	*un réveil*
a bed-side table	*une table de chevet*
a blanket	*une couverture*
bunkbeds	*des lits superposés*
a chest of drawers	*une commode*
a double bed	*un lit à deux places*
a duvet	*un duvet*
a mattress	*un matelas*
a pillow	*un oreiller*
a pillowcase	*une taie d'oreiller*
a wardrobe (Br) / *closet* (US)	*une penderie*

The cellar	La cave
a boiler	*une chaudière*
a fuse box	*une boîte à fusibles*
the wine racks	*le casier à vin*

The housework	Le ménage
an apron	*un tablier*
a broom	*un balai*
a duster	*un chiffon*
a home help/ cleaning lady	*une femme de ménage*
a hoover/ a vacuum cleaner	*un aspirateur*
the iron	*le fer à repasser*
polish	*de la cire*
spring cleaning	*le grand ménage*

DIY (do-it-yourself)	Le bricolage
a drill	*une perceuse*
a hammer	*un marteau*
a ladder	*une échelle*
a screwdriver	*un tournevis*

LES ADJECTIFS

clean	*propre*
dirty	*sale*
filthy	*très sale*
labour-saving	*qui facilite le travail*
in a mess	*en désordre*
open-plan	*sans cloison/ à l'américaine*
spotless	*sans tache*
state of the art	*dernier cri*
(un)tidy	*(pas) rangé*
tiled	*carrelé*

LES VERBES

clear up/tidy (up)	*ranger*
clean/clean up	*nettoyer*
★ *do the cooking/ cook*	*faire la cuisine/ cuisiner*
★ *do the ironing/ iron*	*faire le repassage/ repasser*
★ *do the washing*	*faire la lessive*
★ *do the washing-up/ wash up*	*faire la vaisselle*
dust	*épousseter/ faire la poussière*
knock at	*frapper à*
lock up	*fermer à clé*
polish	*cirer*
★ *sweep*	*balayer*
★ *ring*	*sonner*

07.

Clothes

Les vêtements

LES NOMS

Womens' clothes	**Vêtements de femme**
a bikini	un bikini
a blouse	un chemisier
a cardigan	un gilet
a dress/frock	une robe
a coat	un manteau
a dressing gown	une robe de chambre
leggings	des caleçons longs
a night dress	une chemise de nuit
an outfit	une tenue/ un ensemble
a shawl	un châle/une étole
a skirt	une jupe
a suit	un tailleur
a top	un haut
a swimming costume/swimsuit	un maillot de bain
the wardrobe	la garde-robe
a button	un bouton
a hem	un ourlet
the lining	la doublure
a seam	une couture
a zip	une fermeture éclair

Mens' clothes/ menswear	**Vêtements d'homme**
a bow tie	un nœud papillon
braces	des bretelles
cuff links	des boutons de manchettes
an overcoat	un pardessus
pyjamas	un pyjama
a shirt	une chemise
a suit	un costume
a sweater/jumper	un pull
a sweatshirt	un sweat
a tie	une cravate
trunks	un slip de bain
a tuxedo	un smoking
a waistcoat	un gilet

Unisex	**Vêtements unisexe**
dungarees	une salopette
a hood	une capuche
a hooded jacket	une veste à capuche
a jacket	une veste/un blouson
jeans (a pair of)	un jean
a raincoat	un imperméable
shorts (a pair of)	un short
a skiing outfit	un ensemble de ski
sportswear	des vêtements de sport
trousers (a pair of)	un pantalon
a tracksuit	un jogging

Underwear	**Sous-vêtements**
a bra	un soutien-gorge
boxers	un caleçon
knickers	une culotte (de femme)
panties	un slip (de femme)
pants	un slip/ des pantalons (US)
stockings	des bas
a thong	un string
tights/(panty) hose (US)	un/des collant(s)
undies	de la lingerie
a vest	un débardeur

Footwear	**Chaussures**
boots	des bottes
cowboy boots	des santiags
a heel	un talon
pumps (US)	des escarpins
sandals	des chaussures ouvertes
a shoe	une chaussure
slippers	des pantoufles

Les mots en contexte

These (jeans) should fit you and the colour really suits you. How about a matching top? Celui-ci (ce jean) devrait être à votre taille et la couleur vous va très bien. Et si vous preniez un haut assorti ? *Many youths sport tops with hoods, hence the word 'hoodie'.* Beaucoup de jeunes se promènent en vestes à capuche, d'où le nom « hoodie » (garçon à capuche). *Most people turned up at the BBQ in their shirt sleeves.* La plupart des invités sont arrivés au barbecue en bras de chemise.

sneakers	des chaussures de sport
socks	des chaussettes
thongs (US)	des tongs / des nu-pieds
trainers	des tennis

Accessories — Accessoires

a belt	une ceinture
a cap	une casquette / un bonnet
gloves	des gants
a handbag	un sac à main
a hat	un chapeau
jewellery	des bijoux
a necklace	un collier
a bracelet	un bracelet
a ring	une bague
earrings	des boucles d'oreilles
a scarf (pl. scarves)	une écharpe
shades / sunglasses	des lunettes de soleil
a tattoo	un tatouage
a watch	une montre

Materials and fabrics — Matières et tissus

acrylic	l'acrylique
cashmere	le cachemire
cotton	le coton
denim	le jean
fur	la fourrure
lace	la dentelle
leather	le cuir
linen	le lin
polyester	le polyester
silk	la soie
suede	le daim
velvet	le velours
wool	la laine

LES ADJECTIFS

casual	décontracté
checked	à carreau
fashionable	à la mode
glamorous	glamour
high-/low-waisted	(à) taille haute/basse
loose	ample
low-cut	décolleté
matching	assorti
off the peg	prêt à porter
old-fashioned	démodé
over-sized	trop grand
patent	vernis
plain	simple
shabby	râpé / élimé
smart	élégant
striped	rayé
tight	serré
trendy	tendance / chic
woolen	en laine
worn out	usé

LES VERBES

brush	brosser
clean	nettoyer
dress down	s'habiller décontracté
dress up	se mettre sur son trente et un
★ *get dressed*	s'habiller
dye	teindre
fold	plier
iron	repasser
★ *knit*	tricoter
lengthen	rallonger
★ *mend*	raccommoder
★ *put away*	ranger
★ *put on*	mettre
shorten	raccourcir
suit	aller bien
★ *take off*	enlever
try on	essayer

08.

Food

La nourriture

LES NOMS

hunger	la faim
thirst	la soif
fast food	la restauration rapide
frozen food	des surgelés
junk food	la malbouffe

Meals	Les repas
English breakfast	un petit-déjeuner anglais
continental breakfast	un petit-déjeuner léger
lunch	le déjeuner
brunch	le brunch
tea	le thé / le goûter
dinner	le dîner
supper	le souper
a diet	un régime
a course	un plat
a starter	une entrée
the main course	le plat principal
a dessert	un dessert

Ingredients	Les ingrédients
oil	l'huile
vinegar	le vinaigre
salt	le sel
pepper	le poivre
mustard	la moutarde
salad dressing	l'assaisonnement (pour salade)
butter	le beurre
flour	la farine
sugar	le sucre
chocolate	le chocolat
custard	la crème anglaise
sweets/candy	des bonbons

English breakfast	Le petit-déjeuner anglais
bread	le pain
a slice	une tranche
a cake	un gâteau
a biscuit/a cookie	un biscuit
cereal(s)	des céréales
a pie	une tarte (sucrée ou salée)
a cracker	un biscuit salé
jam	la confiture
marmalade	la marmelade d'oranges
honey	le miel
an egg	un œuf
a sausage	une saucisse
ham	le jambon
porridge	le porridge
(cottage) cheese	le fromage (blanc)

Meat	La viande
beef	le bœuf
a steak	un bifteck
veal	le veau
pork	le porc
mutton	le mouton
lamb	l'agneau
a chop	une côtelette
chicken	le poulet
turkey	la dinde
a stew	un ragoût
a roast	un rôti
kebab	des brochettes
fish	du poisson
fish'n'chips	du poisson frit avec des frites

Les mots en contexte

Best before... (bb). Date limite de consommation... *A low-calorie diet.* Un régime hypocalorique. *A three-course meal.* Un repas avec entrée, plat et dessert. *Lunch/Dinner is ready!* À table ! *Let's have dinner out!* Allons dîner au restaurant ! *What will you have?* Que prenez-vous ? *I'll have a glass of wine.* Je vais prendre un verre de vin. *We went Dutch.* Nous avons partagé la note (de restaurant). *Should I go on a diet?* Est-ce que je devrais suivre un régime ? *Don't drink and drive!* Boire ou conduire, il faut choisir ! *We are what we eat.* Nous sommes ce que nous mangeons.

Fruit and vegetables	*Fruits et légumes*
an apple	une pomme
a pear	une poire
a peach	une pêche
a cherry	une cerise
grapes	du / des raisin(s)
an orange	une orange
a lemon	un citron
a grapefruit	un pamplemousse
a banana	une banane
(mashed) potatoes	(la purée de) pommes de terre
potato chips	des chips
French fries	des frites
pasta	des pâtes
rice	du riz
beans	des haricots
peas	des petits pois
tomatoes	des tomates

Drinks	Les boissons
a soft drink	une boisson non alcoolisée
beer	de la bière
lager	de la bière blonde
ale	de la bière brune
wine	du vin
mineral water	de l'eau minérale
sparkling water	de l'eau gazeuse
flat water	de l'eau plate
cider	du cidre
fruit juice	du jus de fruit
soda	une boisson gazeuse
(instant) coffee	du café (instantané)
tea	du thé
a tea bag	un sachet de thé
(skimmed) milk	du lait (écrémé)

LES ADJECTIFS

eatable	mangeable
drinkable	potable
frozen	surgelé
fresh	frais
smoked	fumé
wholesome/healthy	sain
dietary	diététique
organic	bio(logique)
light	allégé (en sucre)
raw	cru
tender	tendre
fat	gras
low-fat	à basses calories
rare	saignant
grilled	grillé
well-done	bien cuit
medium	à point
tinned	en boîte

LES VERBES

★ *be hungry*	avoir faim
★ *eat*	manger
fast	jeûner
starve (to death)	mourir de faim
★ *be thirsty*	avoir soif
★ *drink*	boire
die of thirst	mourir de soif
★ *feed on*	se nourrir de
chew	mâcher
swallow	avaler
carve	découper
digest	digérer
★ *lay/clear the table*	mettre le couvert/ débarrasser la table
★ *have breakfast*	prendre son petit-déjeuner
★ *have lunch/dinner*	déjeuner / dîner
cook	faire cuire / faire la cuisine
bake	cuire au four
boil	faire bouillir
heat	réchauffer
★ *defreeze*	décongeler
microwave	faire cuire au micro-ondes

09.

Family

La famille

LES NOMS

Relatives	Les membres de la famille
a husband	un mari / un époux
a wife (pl. wives)	une femme / une épouse
a father	un père
a mother	une mère
a stepmother	une belle-mère (remariage)
a stepfather	un beau-père
a mother-in-law	une belle-mère (par le mariage)
a father-in-law	un beau-père
the in-laws	les beaux-parents
a surrogate mother	une mère porteuse
a child (pl. children)	un enfant
an only child	un enfant unique
a foster child	un enfant adoptif
foster parents	les parents adoptifs
a daughter	une fille
a son	un fils
twins	des jumeaux
a brother	un frère
a sister	une sœur
an aunt	une tante
an uncle	un oncle
a cousin	un cousin
a nephew	un neveu
a niece	une nièce
a grandfather	un grand-père
a grandmother	une grand-mère
the grandparents	les grands-parents
the grandchildren	les petits-enfants
godparents	une marraine et un parrain
the offspring	la progéniture
a nuclear family	une famille nucléaire
a one parent family/single parent family	une famille monoparentale
a lone parent	un parent qui élève seul son enfant / isolé
a single mother/parent	une mère / un parent célibataire
a blended family	une famille recomposée
marital status	la situation de famille
custody	le droit de garde / l'autorité parentale
visitation	le droit de visite
joint/shared custody	l'autorité parentale conjointe
alimony	la pension alimentaire

Childhood	L'enfance
a birth	une naissance
a birthday	un anniversaire
the birth rate	le taux de natalité
christening	le baptême
a baby	un bébé
a toddler	un tout petit
an adolescent/teenager	un adolescent
a youth	un jeune
infancy	la petite enfance
the generation gap	le fossé des générations
child abuse	la maltraitance des enfants
child care	la garde d'enfants
a child-care center	une crèche
a nanny	une nounou
an au-pair	une jeune fille au pair
maternity leave	un (le) congé de maternité
parenthood	le fait d'être parent(s)
parenting	l'éducation
pregnancy	la grossesse
an abortion	un avortement
a test-tube baby	un bébé éprouvette
labour	l'accouchement (le moment de)
childbirth/delivery	la naissance
infertility	la stérilité

Les mots en contexte

Statistics show that family patterns have changed radically over the last few years. Les statistiques montrent que les modèles familiaux ont radicalement changé depuis quelques années. *30 years ago, a child was born, was brought up by both parents, went to school, found a job, fell in love, got married, had 2.5 children, and then retired to look after the grandchildren.* Il y a 30 ans, un enfant qui naissait était élevé par ses deux parents, allait à l'école, trouvait un emploi, tombait amoureux, se mariait, avait 2,5 enfants et finissait par prendre sa retraite pour s'occuper de ses petits-enfants. *Today, there are more and more civil unions with children being born out of wedlock and even same sex marriages in some countries.* Aujourd'hui, de plus en plus de couples se pacsent et ont des enfants hors mariage ; dans certains pays, le mariage homosexuel est même autorisé.

Adult life	La vie d'adulte
the grown-ups	les adultes
a bachelor	un célibataire
a single/ unmarried woman	une célibataire
a boyfriend/ girlfriend	un(e) petit(e) ami(e)
a partner	un compagnon/ conjoint
a cohabitee	un(e) concubin(e)
a couple	un couple
a lover	un amant
a mistress	une maîtresse
a wedding	un mariage (le jour du)
marriage	le mariage (le fait d'être marié)
a same sex marriage	un mariage homosexuel
a civil union	un pacs
a civil wedding	un mariage civil
an interracial marriage	un mariage mixte
the best man	le témoin
adultery	l'adultère
counselling	le conseil conjugal
a widow/widower	une veuve/un veuf
domestic violence	la violence conjugale

Old age	La vieillesse
the elderly	les personnes âgées
a senior citizen	une personne âgée
an old people's home	une maison de retraite
a pensioner	un retraité

Death	La mort
a corpse	un cadavre
a coffin	un cercueil
a burial	un enterrement
a grave	une tombe
a cemetery	un cimetière
cremation	l'incinération
a will	un testament

LES ADJECTIFS

arranged (marriage)	arrangé
bisexual	bisexuel
homosexual	homosexuel
gay	gay/homosexuel
grown-up	adulte
lesbian	lesbien(ne)
infertile	stérile
(un)faithful	(in)fidèle
pregnant	enceinte

LES VERBES

★ *get engaged*	se fiancer
★ *get divorced*	divorcer (deux personnes)
★ *get a divorce*	divorcer (une personne)/ demander le divorce
★ *break up/split up*	rompre/se séparer
marry sb	épouser qqn
★ *get married*	se marier
separate	se séparer
adopt	adopter
expect a baby	attendre un enfant
★ *bring up* (Br)/ *raise* (US) *children*	élever des enfants
look after	s'occuper de
★ *take care of*	prendre soin de
★ *grow up*	grandir
bury	enterrer

10.

Education

L'éducation

LES NOMS

teaching	l'enseignement
e-learning	l'enseignement / apprentissage par internet
compulsory education / schooling	l'enseignement / la scolarité obligatoire
primary / secondary education	l'enseignement primaire / secondaire
higher education	l'enseignement supérieur
lifelong learning	la formation tout au long de la vie
initial / in-service training	la formation initiale / continue

Students and teachers — Étudiants et enseignants

a pupil / a schoolboy / a schoolgirl	un(e) élève
school-age children	les enfants en âge scolaire
school leavers	les élèves en fin d'études
a student	un(e) étudiant(e)
an undergraduate	un étudiant de premier cycle
a graduate	un étudiant diplômé / licencié
a dropout	un étudiant qui abandonne ses études
a teacher	un enseignant
the staff	les professeurs (le corps enseignant)
a professor	un professeur d'université
a substitute teacher	un (professeur) remplaçant
a head(master)	un principal / un proviseur
a deputy head	un principal adjoint
a librarian	un bibliothécaire
a careers adviser	un conseiller d'éducation
a trainee (teacher)	un étudiant en IUFM / stagiaire
a trainer	un formateur
a tutor	un directeur d'études (Br) / assistant (US)
a mentor	un conseiller pédagogique
an inspector	un inspecteur
teaching skills	les compétences pédagogiques

Types of schools — Types d'écoles

a kindergarten / a nursery school	une maternelle
a primary / elementary school	une école primaire / élémentaire
a high school	un lycée
a comprehensive school (Br)	un établissement secondaire
a boarding school	un internat
a private school	une école privée
a public school	une école privée / un collège secondaire privé (Eton, Harrow)
a government-funded school	un établissement public (financé par l'État)
a vocational school	un lycée professionnel

a teacher training college	équivalent d'un IUFM
a university/a college	une université
a class	une classe (élèves)
a classroom	une classe (salle)
a form	une classe (niveau)
fifth form	la sixième
upper sixth (form)	la terminale
the playground	la cour de récréation
the gym	le gymnase
the staffroom	la salle des professeurs
the dining hall/canteen	le réfectoire
the dormitory	le dortoir
regulations	le règlement
a school term	un trimestre scolaire

The curriculum — Les programmes

subjects	les disciplines/les matières
algebra	l'algèbre
art	les arts plastiques
religious education	l'éducation religieuse
drama	le théâtre
biology	les sciences de la vie et de la terre (SVT)
history	l'histoire
geography	la géographie
chemistry	la chimie
economics	l'économie
computing	l'informatique
ICT (Information and Communication Technology)	les technologies de l'information et de la communication
Physical Education (PE)	l'éducation physique et sportive (EPS)

the homework	les devoirs
a report	un bulletin scolaire
an assessment sheet	une fiche d'évaluation
general knowledge	la culture générale
academic knowledge	le savoir universitaire
skills	les compétences
literacy skills	les compétences de lecture et d'écriture
illiteracy	l'analphabétisme
a literacy campaign	une campagne d'alphabétisation
the standard(s)	le niveau
remedial teaching	le rattrapage scolaire
academic failure	l'échec scolaire
ragging (Br)/razing (US)	le bizutage
a competitive exam	un concours
tuition fees	les frais de scolarité
a grant	une bourse
a scholarship	une bourse (université US)
an exam(ination)	un examen
a test	un contrôle
multiple-choice questions (mcq)	des questions à choix multiple (qcm)
a school placement	un stage en établissement (scolaire)
a placement abroad	un stage à l'étranger
a mark/a grade	une note
the school record	le dossier scolaire
the GCSE (General Certificate of Secondary Education)	équivalent du Brevet des Collèges (BEPC)
the A-level (Br)	le bac(calauréat)
a university degree	une licence

Les mots en contexte

The 3 R's are Reading, wRiting and aRithmetic. Les savoirs fondamentaux sont la lecture, l'écriture et le calcul. *Do they know how to read and write?* Savent-ils lire et écrire ? *Mathematics is not my favourite subject.* Les maths ne sont pas ma matière préférée. *He failed his exam and had to repeat his year.* Il a échoué à son examen et a dû redoubler. *She graduated from Oxford University.* Elle est diplômée d'Oxford. *Of the 300 students who showed up for the first day of high school four years ago, only 200 are expected to graduate.* Parmi les 300 étudiants qui sont entrés au lycée il y a quatre ans, seulement 200 obtiendront leur diplôme. *The 100 others have dropped out.* Les 100 autres ont abandonné leurs études. *Statistically, early school leavers are more likely to experience social exclusion and unemployment.* Selon les statistiques, les jeunes qui quittent l'école tôt ont plus de chances de vivre l'exclusion et le chômage. *Tuition fees keep going up.* Les frais de scolarité ne cessent d'augmenter. *If you would like any information about the education systems in English speaking countries, log on to the following sites: www.dfes.gov.uk, www.ed.gov.* Si vous souhaitez obtenir des renseignements sur les systèmes éducatifs dans les pays anglophones, connectez-vous sur les sites suivants : www.dfes.gov.uk, www.ed.gov.

LES VERBES

★ *teach sb sth*	enseigner qqch à qqn
★ *learn*	apprendre
study	étudier
★ *go to university* (Br) / *to college* (US)	aller à l'université
★ *sit/take an exam*	passer un examen
★ *resit an exam*	repasser un examen
fail/flunk (fam.) *an exam*	échouer à un examen
pass an exam	réussir un examen
cheat	tricher
revise for an exam	réviser un examen
drop a subject	abandonner une matière
skip a class	sauter une classe
repeat a year	redoubler
bait/rag/play up a teacher	chahuter un prof
play truant	sécher un cours/l'école/faire l'école buissonnière
★ *have a break/ be on recess* (US)	être en récréation

LES ADJECTIFS

boring	ennuyeux
(dis)obedient	(dés)obéissant
hard-working	travailleur
industrious	assidu
overworked	surmené
lazy/idle	paresseux
tidy	soigneux
untidy	brouillon/désordonné
gifted	doué
bright	brillant
good at maths	bon en maths

11.

Health

La santé

Voir aussi les chapitres 1 et 2.

LES NOMS

a patient	un malade / un patient
a diagnosis	un diagnostic
a prescription	une ordonnance
an antibiotic	un antibiotique
a blood test	une prise de sang
an injection	une piqûre
a vaccine	un vaccin
a drug / a medicine	un médicament
a painkiller	un antalgique / analgésique / antidouleur
a sleeping pill	un somnifère
a tranquillizer	un tranquillisant
a dressing	un pansement
a sticking plaster	un pansement adhésif
a stitch	un point de suture

Handicaps — Les handicaps

handicapped people	les personnes handicapées
the disabled	les handicapés
a disability	un handicap physique
a spastic	un handicapé moteur
an invalid	un malade / un infirme / un invalide
a wheelchair	un fauteuil roulant

Diseases — Les maladies

a disease / an illness	une maladie
a terminal illness	une maladie mortelle
a venereal disease (VD)	une maladie vénérienne
a sexually transmitted disease (STD)	une maladie sexuellement transmissible (MST)
an infection	une infection
a disorder	un trouble
an allergy	une allergie
a pain	une douleur
fever	de la fièvre
an epidemic	une épidémie
a cold	un rhume
flu (influenza)	la grippe
bird flu / Asian flu	la grippe aviaire
tuberculosis	la tuberculose
diabetes	le diabète
AIDS (acquired immune deficiency)	le sida
cancer	le cancer
a heart attack	une crise cardiaque
a heart failure	un arrêt cardiaque
mad cow disease	la maladie de la vache folle

Doctors — Les médecins

a General Practitioner (GP)	un médecin généraliste
a midwife	une sage-femme
a heart specialist	un cardiologue
a surgeon	un chirurgien
cosmetic surgery	la chirurgie esthétique
a speech therapist	un orthophoniste
a dentist	un dentiste
a physiotherapist	un kinésithérapeute
a nurse	une infirmière
an orderly	un aide-soignant
a chemist	un pharmacien
a social worker	un(e) assistant(e) social(e)
an ophtalmologist	un ophtalmologue
an optician	un opticien
a blood donor	un donneur de sang

LES NOMS (suite)

organ donation	le don d'organe

Hospitals — Les hôpitaux

a mental hospital	un hôpital psychiatrique
a ward	une salle d'hôpital
the emergency department	les urgences
intensive care unit	le service de soins intensifs
a clinic	une clinique
a nursing home	une maison de convalescence
an old people's home	une maison de retraite

Mental health — La santé mentale

a psychiatrist	un psychiatre
a psychotherapist	un psychothérapeute
a psychoanalyst	un psychanalyste
a nervous breakdown	une dépression nerveuse
autism	l'autisme
anorexia	l'anorexie mentale
bulimia	la boulimie
stress	le stress
schizophrenia	la schizophrénie

Birth control — Le contrôle des naissances

family planning	le planning familial
a condom	un préservatif
cloning	le clonage
an abortion	un avortement
a maternity hospital	une maternité
a delivery	un accouchement
in vitro fertilization	la fécondation in vitro
a sperm donor	un donneur de sperme
a surrogate mother	une mère porteuse
a test-tube baby	un bébé-éprouvette

LES ADJECTIFS

healthy/ in good health	en bonne santé
fit	en forme
fine/well/OK	(qui va) bien
sound	sain
lively	plein de vitalité
pregnant	enceinte
living	vivant
wounded/injured	blessé
dead	mort
brain dead	en coma dépassé
ill	malade
sickly	maladif
feverish	fiévreux
airsick/seasick	qui a le mal de l'air/ de mer
catching	contagieux
overworked	surmené
stressed	stressé
depressive	dépressif
allergic (to)	allergique (à)
curable	guérissable
painful	douloureux
painless	indolore
sero-/HIV positive	séropositif
deadly	mortel
lethal	mortel/fatal
handicapped/ disabled	handicapé
crippled	infirme
paralysed	paralysé
paraplegic	paraplégique
hemiplegic	hémiplégique

Les mots en contexte

The World Health Organization. L'organisation mondiale de la Santé (l'OMS). *The National Health Service/the NHS (Br).* La Sécurité sociale. *Medicare/Medicaid (US).* La Sécurité sociale. *Ouch! It hurts!* Aïe ! Ça fait mal ! *Where does it hurt?* Où avez-vous mal ? *Send for the doctor!* Appelez le médecin ! *He was taken by ambulance to the hospital where he underwent medical treatment including surgery.* On l'a emmené en ambulance à l'hôpital, où il a reçu des soins et a également subi une opération chirurgicale. *She's being operated upon.* On est en train de l'opérer. *I think I'm going to be sick.* Je pense que je vais vomir. *I've got a sore throat, my joints ache and I keep sneezing.* J'ai mal à la gorge, j'ai mal dans toutes les articulations et je n'arrête pas d'éternuer. *My nose is running and my eyes are watering.* J'ai le nez qui coule et les yeux qui pleurent. *I must be going down with something.* Je dois couver quelque chose. *I'm very hot. I'm sure I must be running a temperature.* J'ai très chaud. Je suis sûr que je dois avoir de la fièvre.

LES VERBES

★	*bleed*	saigner
★	*have a headache*	avoir mal à la tête / la migraine
★	*run a **te**mperature*	avoir de la fièvre
	heal	soigner
	cure sb	guérir qqn
	*impr**o**ve*	aller mieux
	*rec**o**ver*	se rétablir
★	*give birth to*	donner naissance à
★	*deli**v**er sb*	accoucher qqn
	*misc**a**rry*	faire une fausse couche
★	*have an ab**o**rtion*	se faire avorter
★	*feel sick*	avoir mal au cœur
	cough	tousser
	sneeze	éternuer
★	*send for the doctor*	envoyer chercher le docteur
★	***undergo surgery***	subir une intervention chirurgicale

Les mots en contexte

How far is it from the Earth to the moon? Quelle est la distance de la Terre à la lune ? *How heavy is the planet Earth?* Quel est le poids de la Terre ? *How deep is the well?* Quelle est la profondeur du puits ? *How tall is he?* Combien mesure-t-il ? *There are 1,5 dollars to the euro.* L'euro vaut 1,5 dollars. *There were hundreds of adults and thousands of children.* Il y avait des centaines d'adultes et des milliers d'enfants. *To form a three digit number you can use any of the nine digits from 0 to 9.* Pour former un nombre à trois chiffres, vous pouvez utiliser tous les chiffres de 0 à 9. *The figures show that crime is continuing to fall.* Les chiffres montrent que la criminalité continue à baisser.

Lire les nombres. Au-dessus de 100, les dizaines et les unités sont précédées de ***and***. *142 : One hundred and forty-two. 1973 : Nineteen hundred and seventy-three.* Mais en anglais US, ***and*** est souvent omis. *110 : One hundred ten (US).*

La virgule et le point. Leur usage est inversé dans les deux langues, pour ce qui est des nombres et fractions. *2.5* se lit *two point five* mais se traduit par « deux virgule cinq (2,5) ». On écrit en français 5 642, mais en anglais, on écrit *5,642 (five thousand, six hundred and forty-two).*

Numéros de téléphone, de compte bancaire, de bureau, etc. On lit chaque chiffre séparément, sauf lorsque le même chiffre apparaît deux fois ; *00 44 18 25 765 : double oh, double four, one, eight, two, five, seven, six, five. Chambre 312 : Room three one two.*

LES NOMS

a figure	un chiffre
a digit	un chiffre (informatique)
a number	un nombre
a sum/an addition	une addition
a subtraction	une soustraction
a multiplication	une multiplication
a division	une division
a percentage	un pourcentage
a half (pl. halves)	une moitié
a fraction	une fraction
a square root	une racine carrée
a calculator	une calculatrice
a circle	un cercle
a rectangle	un rectangle
a square	un carré
a triangle	un triangle
an angle	un angle
breadth/width	la largeur
depth	la profondeur
height	la hauteur
thickness	l'épaisseur
length	la longueur
an inch (1 in.)	un pouce (2,54 cm)
a foot (1 ft = 12 in.)	un pied (30,48 cm)
a yard (1 yd = 3 ft)	un yard (91,44 cm)
a mile (1 mi = 1760 yd)	un mile (1 609,33 m)
a centimetre	un centimètre
a kilometre	un kilomètre
weight	le poids
an ounce (1 oz)	une once (28,35 g)
a pound (1 lb = 16 oz)	une livre (453,6 g)
a stone (1 st = 14 lb)	6,35 kg
a hundredweight (1 cwt = 4 qr)	50,70 kg (Br)/ 45,30 kg (US)
a ton (1 t = 20 cwt)	une tonne : 1 016 kg (Br)/ 907 kg (US)
a gram(me)	un gramme
a kilo	un kilo
fluids	les liquides
capacity	la contenance
a pint (1 pint)	0,56 l
a quart (1 qt = 2 pints)	1,13 l
a gallon (1 gal = 4 qt)	4,54 l
a barrel	un baril de pétrole (158,98 litres)
a circumference	une circonférence
a diameter	un diamètre
a radius	un rayon
an area	une superficie
a square metre	un mètre carré
an acre	une acre (40 ares)
(a) currency	(une) la devise/ monnaie
a banknote	un billet de banque
a coin	une pièce
change	de la monnaie

12.

Counting and measuring

Compter et mesurer

LES ADJECTIFS

nought (Br) / *zero* (US)	0
one	1
two	2
three	3
four	4
five	5
six	6
seven	7
eight	8
nine	9
ten	10
eleven	11
twelve	12
thirteen	13
fourteen	14
fifteen	15
sixteen	16
seventeen	17
eighteen	18
nineteen	19
twenty	20
thirty-two	32
forty-three	43
fifty-four	54
sixty-five	65
seventy-six	76
eighty-seven	87
ninety-eight	98
one hundred	100
two hundred	200
one thousand	1 000
two thousand	2 000
one million	un million
two million	deux millions
a billion	un milliard

the first	le 1er
the second	le 2^{e}
the third	le 3^{e}
the fourth	le 4^{e}
the fifth	le 5^{e}
the sixth	le 6^{e}
the seventh	le 7^{e}
the eighth	le 8^{e}
the ninth	le 9^{e}
the tenth	le 10^{e}
the eleventh	le 11^{e}
the twelfth	le 12^{e}
the thirteenth	le 13^{e}
the twentieth	le 20^{e}
the fortieth	le 40^{e}
the fiftieth	le 50^{e}
the sixtieth	le 60^{e}
the seventieth	le 70^{e}
the eightieth	le 80^{e}
the ninetieth	le 90^{e}
the ninety-ninth	le 99^{e}
the hundredth	le 100^{e}

LES VERBES

add	ajouter
calculate	calculer
carry	retenir (« et je retiens 1 »)
★ *cost*	coûter
count	compter
divide	diviser
measure	mesurer
multiply	multiplier
remain	rester
subtract	soustraire
weigh	peser

13.

Time

Repères temporels

LES NOMS

Time	Le temps
eternity	l'éternité
the past	le passé
the present	le présent
the future	l'avenir
a second	une seconde
a minute	une minute
an hour	une heure
a quarter of an hour	un quart d'heure
half an hour	une demi-heure
a day	un jour
a week	une semaine
a fortnight	une quinzaine
a month	un mois
a term	un trimestre
a season	une saison
a year	une année
a leap year	une année bissextile
a century	un siècle
a millennium	un millénaire
a.m. (ante meridiem)	de 0 à 12 heures
p.m. (post meridiem)	de 12 à 24 heures
4:30 a.m./ 4:30 p.m.	4 h 30 (du matin)/ 16 h 30
a time zone	un fuseau horaire
time lag	le décalage horaire
jet lag	la fatigue liée au décalage horaire
Daylight Saving Time/Summer Time	l'heure d'été

Days, months and seasons	Les jours, mois et saisons
Monday	lundi
Tuesday	mardi
Wednesday	mercredi
Thursday	jeudi
Friday	vendredi
Saturday	samedi
Sunday	dimanche
January	janvier
February	février
March	mars
April	avril
May	mai
June	juin
July	juillet
August	août
September	septembre
October	octobre
November	novembre
December	décembre
spring	le printemps
summer	l'été
the Indian summer	l'été indien
autumn/fall (US)	l'automne
winter	l'hiver
(in the) morning	le matin
(at) noon/midday	(à) midi
(in the) afternoon/ evening	l'après-midi/ le soir
(at) night	le soir/la nuit
tonight/last night	ce soir/hier soir
tomorrow night	demain soir
(at) midnight	(à) minuit
(at) dawn	(à) l'aube
(at) sunrise/ sunset	(au) lever/ coucher du soleil
the day before yesterday	avant-hier
three days ago	il y a trois jours
last week/year	la semaine/ l'année dernière
long ago	il y a longtemps
today	aujourd'hui
every day	tous les jours
every other day	un jour sur deux
every third day	un jour sur trois
all day long	toute la journée
a holiday	un jour de congé
a working day	un jour ouvrable
a bank holiday	un jour férié
nowadays	de nos jours
the day after tomorrow	après-demain
the next day/ the following day	le lendemain

Les mots en contexte

Lire la date. On lit les années par groupes de deux chiffres. *1984 : Nineteen eighty-four.* Lorsque le premier chiffre est suivi d'un zéro, on emploie ***and***. *2008 : Two thousand and eight.* Mais à partir de 2010, on dit fréquemment : *twenty twelve (2012)* sans ***and***. *What's today's date?* Quel jour sommes-nous ? ***En anglais britannique (Br) :*** On écrit → jour/mois/année (comme en français). *11/09/2001* ou *11th September 2001.* On lit → *September the eleventh two thousand and one* ou *the eleventh of September two thousand and one.* Le 11 septembre 2001.

En anglais américain (US) : On écrit → mois/jour/année. *September 11/2001.* On lit → *September eleventh two thousand and one* ou bien on écrit → *09/11/2001* et on lit *nine eleven two thousand and one.*

Lire l'heure. *What's the time?/What time is it?* Quelle heure est-il ? *10:00 GMT (Greenwich Mean Time).* 10 heures GMT. *It's a quarter to eight.* Il est huit heures moins le quart. *It's half past ten.* Il est dix heures et demie. *It's ten to twelve.* Il est midi moins dix. *It's twenty past three.* Il est trois heures vingt. *It's high time we left.* Il est grand temps de partir. *My watch is slow/fast.* Ma montre retarde/avance. *For the time being.* Pour le moment. *In the meantime.* Entre-temps. *At the time when...* Au moment où...

this day week	dans une semaine en huit
Friday week	vendredi en huit
next week	la semaine prochaine
in the future	à l'avenir
Christmas/Xmas	Noël
New Year's Eve	La Saint-Sylvestre
New Year's day	le Jour de l'an
Easter	Pâques
Halloween	Halloween

LES ADJECTIFS

early	tôt
late	tard
everlasting/eternal/endless	éternel
final	final
former	précédent
last	dernier
latest	tout dernier/tout récent
out-of-date	périmé/dépassé
up-to-date	actualisé/mis à jour
present	actuel
everyday	banal/quotidien
short-term/short-range	à court terme
middle-term/middle-range	à moyen terme
long-term/long-range	à long terme
daily	quotidien
weekly	hebdomadaire
monthly	mensuel
quarterly	trimestriel
yearly	annuel
clockwise	dans le sens des aiguilles d'une montre
anticlockwise (Br)/*counterclockwise* (US)	dans le sens contraire des aiguilles d'une montre

LES VERBES

last	durer
★ *make up for lost time*	rattraper le temps perdu
★ *put off*	remettre (à plus tard)
save time	gagner du temps
update	mettre à jour
elapse	s'écouler (temps)
★ *spend one's time doing*	passer son temps à
start/begin	commencer
end	terminer/finir
hurry up	se dépêcher
★ *go on/continue/* ★ *keep on*	continuer
waste time	perdre son temps
arrive on time	arriver à l'heure
arrive in time	arriver à temps
clock	chronométrer
clock in/out	pointer (au travail)
★ *run out the clock*	jouer la montre (sports)

14.

Sports and games

Sports et jeux

LES NOMS

Sportsmen	Les sportifs
a player	un joueur
a competitor	un concurrent
an opponent	un adversaire
a goalkeeper	un gardien de but
a team	une équipe
team spirit	l'esprit d'équipe
a team-mate	un équipier
the winner	le gagnant
the loser	le perdant
a champion	un champion

A match	Un match
training	l'entraînement
a training session	une séance d'entraînement
a coach	un entraîneur
a tracksuit	un survêtement
trainers	des chaussures de sports
sneakers/ tennis shoes	des (chaussures de) tennis
football boots	des chaussures de football
a sports field	un terrain de sports
a sporting event	un événement sportif
a stadium	un stade
a court	un court (de tennis)
a pitch	un terrain (de cricket/de football)
a track	une piste (de course)
a pool	une piscine
a rink	une patinoire
the changing rooms	les vestiaires
a championship	un championnat
a tournament	un tournoi
the grandstand	la tribune d'honneur
the heats	les éliminatoires
a referee	un arbitre (football/rugby)
an umpire	un arbitre (tennis/cricket)
a hooligan	un hooligan
a supporter	un supporter
the semifinal	la demi-finale
the final	la finale
the Olympic games/ the Olympics	les Jeux olympiques
Winter/Summer Olympics	les Jeux olympiques d'hiver/d'été
a cup	une coupe
a gold medal	une médaille d'or
a dope test	un test antidopage
anabolic steroids	des anabolisants
growth hormones	les hormones de croissance
EPO (erythropoietin)	l'EPO
random testing	des contrôles inopinés

Competitive sports	Les sports de compétition
archery	le tir à l'arc
javelin	le javelot
athletics	l'athlétisme
boxing	la boxe
climbing	l'escalade/ l'alpinisme
bungee jumping	le saut à l'élastique
hang gliding	le deltaplane
(scuba) diving	la plongée sous-marine
canyoning	le canyoning
gymnastics	la gymnastique
fencing	l'escrime
horse-riding	l'équitation
hurdles	la course de haies
long-distance running	la course de fond
pole vaulting	le saut à la perche
martial arts	les arts martiaux
sailing	la voile
a regatta	une régate
skating	le patinage
skateboarding	le skateboard

Les mots en contexte

The most important thing is not winning but taking part. L'essentiel n'est pas de gagner mais de participer. *He was tested positive for EPO.* Le test de dépistage de l'EPO qu'il a subi était positif. *Let the best man win.* Que le meilleur gagne. *The Paralympic Games are a multi-sport event for athletes with physical, mental and sensorial disabilities.* Les jeux paralympiques réunissent des athlètes présentant un handicap d'ordre physique, mental ou lié à la cécité ou la surdité. *He was awarded a HP (honours prize).* Il a reçu un prix d'honneur. *He defeated the world champion in the final.* Il a battu le champion du monde en finale. *The six nations tournament (rugby).* Le tournoi des six nations. *The Commonwealth Games.* Les jeux du Commonwealth. *The British Lawn Tennis Tournament.* Le tournoi de tennis de Wimbledon.

skiing	le ski
surfing	le surf
windsurfing	la planche à voile
swimming	la natation
weightlifting	l'haltérophilie
wrestling	la lutte
football/soccer	le football
American football	le football américain
the goal posts	les buts
rugby	le rugby
(ice) hockey	le hockey (sur glace)
a bat	une batte (cricket/baseball)
a net	un filet
a target	une cible

Hobbies	Les passe-temps
billiards	le billard
chess	les échecs
draughts	les dames
darts	les fléchettes
cards	les cartes
bridge	le bridge
marbles	les billes
bowling	le bowling
video games	les jeux vidéo
a games arcade	une galerie de jeux électroniques
crosswords	les mots croisés
collecting stamps	faire une collection de timbres

LES ADJECTIFS

sporty	sportif
athletic	athlétique
amateur	amateur
professional	professionnel
exhausted	épuisé
(dis)qualified	(dis)qualifié
loyal	loyal
cheating	tricheur

LES VERBES

play	jouer
play cards	jouer aux cartes
practise a sport	pratiquer un sport
train	s'entraîner
coach sb	entraîner qqn
warm up	s'échauffer
compete	concourir
qualify	se qualifier
★ *win*	gagner
★ *lose*	perdre
★ *beat sb*	battre qqn
score a goal	marquer un but
★ *draw a match*	faire match nul
eliminate	éliminer
★ *break the record*	battre le record
cheat	tricher
★ *run*	courir
★ *overtake*	dépasser/doubler
★ *catch up with sb*	rattraper qqn
ice-skate	faire du patin à glace
ski	skier
water-ski	faire du ski nautique
sail	faire de la voile
surf	surfer
★ *swim*	nager
dive	plonger
collect	collectionner
gamble	jouer (casino)

15.

Literature, music and painting

La littérature, la musique et la peinture

Voir aussi les chapitres 16 et 17.

LES NOMS

Literature	La littérature
an author	un auteur
a writer	un écrivain
a novel	un roman
a novelist	un romancier
a story	une histoire
a short story	une nouvelle
a tale	un conte
the plot	l'intrigue
a thriller	un (roman) policier
a best-seller	un succès
a masterpiece	un chef-d'œuvre
chick lit (= literature)	les romans à l'eau de rose
a potboiler	une œuvre alimentaire
a publisher	un éditeur
a paperback	un livre de poche
the works of	l'œuvre de
writer's block	l'angoisse de la page blanche
poetry	la poésie
a poem	un poème
a poet	un poète
a line	un vers
a stanza	une strophe
the theatre (Br) / *the theater* (US)	le théâtre
a play	une pièce
an act	un acte
a character	un personnage
a comedy	une comédie

a tragedy	une tragédie
stage directions	des indications scéniques
a show	un spectacle

Music	La musique
a musician	un musicien
a composer	un compositeur
an album/a record	un disque
a recording	un enregistrement
a song	une chanson
a singer	un chanteur
the lyrics	les paroles
a chorus	un refrain
a verse	un couplet
a tune	un air
the charts	le hit-parade
a hit	un tube/succès
the release	la sortie
a label	une compagnie de disques
the score	la partition
a chord	un accord
a bar	une mesure
the beat	le rythme
a tuning fork	un diapason
a key	une clé/touche
a keyboard	un clavier
instruments	les instruments
bagpipes	une cornemuse
the brass	les cuivres
a clarinet	une clarinette
a cello	un violoncelle
cymbals	des cymbales
a double bass	une contrebasse

Les mots en contexte

I'm afraid this book is out of print. Je crains que ce livre ne soit épuisé. *You'd better try a second hand bookshop.* Il faudrait que vous essayiez un magasin de livres d'occasion. *His latest novel didn't sell well.* Son dernier roman ne s'est pas bien vendu. *The novel that was awarded this year's Man Booker prize is well worth reading.* Le roman qui a reçu le prix Man Booker cette année vaut la peine d'être lu. *The Museum of Modern Art's permanent collection includes 150,000 paintings, sculptures, drawings, prints and photographs.* La collection permanente du musée d'Art moderne comprend 150 000 peintures, sculptures, dessins, gravures et photographies. *He had his play performed in New York.* Il fit jouer sa pièce à New York. *A, B, C, D, E, F, G.* La, si, do, ré, mi, fa, sol.

the drums	la batterie
a flute	une flûte
a guitar	une guitare
a harpsichord	un clavecin
an organ	un orgue
the strings	les cordes
a bow	un archet
a trumpet	une trompette
a violin	un violon
an orchestra	un orchestre
a choir	une chorale
a conductor	un chef d'orchestre
a player	un musicien
a concert	un concert
a symphony	une symphonie
a concerto	un concerto
a sonata	une sonate
an opera	un opéra

Painting	La peinture
an artist	un artiste
a painter	un peintre
paint	de la peinture
a painting	un tableau
a draughtsman	un dessinateur
a brush	un pinceau
a canvas	une toile
a frame	un cadre
a drawing	un dessin
an easel	un chevalet
an exhibition	une exposition
an installation	une installation
an art gallery	une galerie d'art
a museum	un musée
a curator	un conservateur

LES ADJECTIFS

abstract	abstrait
acoustic	acoustique
artistic	artistique
classical	classique
commonplace	banal
contemporary	contemporain
discordant	dissonant
figurative	figuratif
indie	indépendant
mainstream	traditionnel
major	majeur
minor	mineur
modern	moderne
tuneful	mélodieux

LES VERBES

★ *blow*	souffler
★ *beat time*	battre la mesure
clap	applaudir
compose	composer
★ *cut*	graver (CD)
★ *draw*	dessiner
engrave	graver
entertain	divertir
★ *keep time*	garder le rythme
impersonate	imiter
paint	peindre
play the guitar/the violin	jouer de la guitare/du violon
perform	exécuter/se produire
practise	s'exercer
record	enregistrer
rehearse	répéter
release (a record)	sortir (un disque)
★ *sing*	chanter
sing in/out of tune	chanter juste/faux
★ *sit for a portrait*	poser pour un portrait
★ *write*	écrire

16.

Television, cinema, multimedia

Télévision, cinéma, multimédia

Voir aussi les chapitres 15 et 17.

LES NOMS

Television	La télévision
a TV set	un poste de télé
cable TV (CATV)	le câble
satellite television	la télévision par satellite
pay TV	la télévision par abonnement
pay-per-view television	la télévision à la carte
a channel	une chaîne
the remote control/ flicker (fam.)	la télécommande
an aerial (Br)/ *antenna* (US)	une antenne
a satellite dish	une antenne parabolique
DTT	la TNT
a flat screen	un écran plat
a plasma display	un écran plasma
a viewer	un téléspectateur
a TV addict	un accro de la télé
a couch potato	qqn qui passe son temps devant la télé

TV programmes	Les programmes de télévision
the news	les informations
the weather forecast	la météo
a serial	un feuilleton
a series	une série
a telefilm/TV movie	un téléfilm
an episode/ instalment	un épisode
a sitcom	une comédie de situation
a soap (opera)	un feuilleton/ un soap
a talk show	une émission de débats
reality television	la télé réalité
prime time television	les heures de grande écoute
the ratings	l'audimat
a news presenter	un présentateur du journal télé
an anchor man/ woman	un(e) présentateur/ -trice
a compère	un animateur de jeu
a commercial break	une page de publicité

Films/movies	Les films
an artist	un artiste
an actor/ actress	un acteur/ une actrice
a supporting actor	un second rôle
a comedian	un artiste comique
the leading role	le rôle principal
an extra	un figurant
a body double	une doublure
the plot	l'intrigue
the shooting	le tournage
a director	un réalisateur
a script writer	un scénariste
an editor	un monteur
editing	le montage
a stuntman	un cascadeur
a cartoon	un dessin animé
a comedy	une comédie
a drama	une comédie dramatique
a feature (film)	un long métrage
a short film/feature	un court métrage
an art (house) movie	un film d'art et d'essai
an indie	un film indépendant
a musical	une comédie musicale

Les mots en contexte

Television has become our primary source of information. La télévision est devenue notre principale source d'information. *No other source of information, including newspapers, radio and the internet, comes close to the power of television.* Aucune autre source d'information, pas plus les journaux, la radio qu'internet ne peuvent rivaliser avec la télévision. *Washington State was the first state to ban the practice of texting with a cell phone while driving.* L'état de Washington a été le premier à interdire aux automobilistes d'envoyer des textos à partir de leur téléphone portable lorsqu'ils sont au volant. *He appeared in almost 80 feature films and as many TV movies and series.* Il a joué dans presque 80 longs métrages et autant de téléfilms et séries télévisées. *He was the first actor to star in three films in the same year.* Il fut le premier acteur à tenir le premier rôle dans trois films la même année.

The main British channels: *the BBC (British Broadcasting Corporation) known as 'the Beeb' or 'Auntie', ITV and Channel 4 not to mention all the different cable TV channels.*

The main American channels: *ABC, NBC, CNS and Fox.*

the trailer	la bande-annonce
a box office hit	un succès colossal
a biopic	un film biographique
a blockbuster	une super production
a chick flick	un film à l'eau de rose
a new release	un nouveau film
the premiere	la première
a festival	un festival
an award	une récompense
a flop	un bide
a (movie) theater (US)	une salle de cinéma

Multimedia	Le multimédia
a loudspeaker	une enceinte / un haut-parleur
headphones	un casque
a mike	un micro
a track	une piste
a record	un disque
a deck	une platine
a button	une touche
a camera	un appareil photo / une caméra
a camcorder	un caméscope
a laptop	un ordinateur portable
a mobile phone / cellphone	un téléphone portable
a hands-free mobile phone	un kit mains libres
a network	un réseau
piracy	le piratage
video games	les jeux vidéo
a text message	un texto / SMS
voice mail	la boîte vocale
a CD burner / recorder	un graveur de CD

LES ADJECTIFS

dubbed	doublé
subtitled	sous-titré
live	en direct
analog(ue)	analogique
digital	numérique
censured	censuré

LES VERBES

turn on/off	allumer / éteindre
zap through the channels	zapper
appear in	jouer dans
star in	être la vedette de
★ *be cast in*	avoir le rôle de
play the part/role of	jouer le rôle de
★ *come out*	sortir (pour un film)
release	(faire) sortir (un film)
★ *shoot*	tourner
★ *rent*	louer
record	enregistrer
duplicate	copier
text sb	envoyer un texto (SMS) à qqn
"to be continued"	« à suivre »

17.

The press

La presse

Voir aussi les chapitres 15 et 16.

LES NOMS

Newspapers	Les journaux
a daily	un quotidien
a broadsheet	un journal grand format
a tabloid	un quotidien populaire/tabloïd
an evening paper	un journal du soir
a morning paper	un journal du matin
Sunday papers	les journaux du dimanche
an upmarket paper	un journal prestigieux
a local paper	un journal régional/local
the gutter press	la presse à scandales
a pulp magazine	un magazine à sensation
a journal	une revue spécialisée
a red top	un quotidien populaire
a woman's magazine	un magazine féminin
the Fourth Estate	le quatrième pouvoir

A journalist	Un(e) journaliste
a reporter	un(e) journaliste/reporter
a columnist	un chroniqueur
a special reporter	un envoyé spécial
a foreign correspondant	un correspondant à l'étranger
a freelance	un pigiste
an editor	un rédacteur en chef
the editorial board	le comité de rédaction
the editorial staff	la rédaction
the agony aunt	la rédactrice du courrier du cœur
readership	le lectorat

An article	Un article
a feature	un article/reportage
a headline	un gros titre
a column	une chronique
contents	le sommaire
the front page	la une
the cover story	l'article à la une
a news item	un fait divers
an editorial/ a leader	un éditorial
a report	un reportage
an interview	une interview
a picture	une image
a drawing	un dessin
a caption	une légende
a cartoon	un dessin humoristique
a comic strip	une bande dessinée
a crossword	des mots croisés
a film review	une critique de cinéma
the problem page/ agony column	le courrier du cœur
letters to the editor	le courrier des lecteurs
the obituaries	la rubrique nécrologique
newspaper cuttings/clippings	des coupures de presse
an ad	une publicité

the classified ads	les petites annonces
the personal ads	les petites annonces (personnelles)

A copy — Un exemplaire

an issue	un numéro
a special edition	une édition spéciale
a supplement	un supplément
journalese	le jargon journalistique
the layout	la mise en page
a news release	un communiqué de presse
a press conference	une conférence de presse
a newsstand	un kiosque à journaux
a subscription	un abonnement
the circulation	le tirage
a news agency	une agence de presse
sales	les ventes

Media coverage — La couverture médiatique

a ban	une interdiction
censorship	la censure
freedom of the press	la liberté de la presse
hype	le battage médiatique
political correctness	le politiquement correct
privacy	la protection de la vie privée
a spin	une manipulation de l'opinion
libel	la diffamation
slander	la calomnie

LES ADJECTIFS

daily	quotidien
weekly	hebdomadaire
monthly	mensuel
quarterly	trimestriel
accurate	précis
biased	tendancieux
detailed	détaillé
highbrow	pour intellos
humorous	drôle
impartial	impartial
irreverent	irrévérencieux
objective	objectif
(un)reliable	(pas) fiable
shortened	abrégé
truthful	véridique
wrong	faux

Les mots en contexte

The news from the Middle East is quite depressing. Les nouvelles du Moyen-Orient sont bien déprimantes. *Three people are reported to have been killed.* Il y aurait eu trois victimes. *A prisoner is said to have escaped.* Un détenu se serait évadé. *Many on-line newspapers have search engines that allow a search of their archives.* Un grand nombre de journaux en ligne ont des moteurs de recherche qui permettent d'effectuer une recherche dans leurs archives.

The British press.

Tabloids (journaux populaires, à scandale) : *The Daily Mirror, The Sun, The Daily Mail.* ***Broadsheets (journaux de grand format) :*** *The Independent, The Guardian, The Financial Times, The Daily Telegraph.* ***Magazines:*** *The New Statesman, The Economist, The Week.* ***Sunday papers****: The Sunday Times, The Observer, The Sunday Telegraph, The Mail on Sunday.*

The American Press.

Quality papers: *The New York Times, The Washington Post, The Wall Street Journal, The Herald Tribune.* ***Magazines:*** *Time, Newsweek, Business Week.*

LES VERBES

*ann**ou**nce*	*annoncer*
*app**ea**r*	*apparaître*
*conf**i**rm*	*confirmer*
*c**e**nsure*	*censurer*
check	*vérifier*
★ *come out*	*sortir/paraître*
*c**o**ver up*	*étouffer*
*den**ou**nce*	*dénoncer*
deny	*nier*
*discl**o**se*	*divulguer*
***e**dit* (an article)	*mettre au point* (un article)
*ex**a**ggerate*	*exagérer*
*exp**o**se*	*révéler*
hint at	*faire allusion à*
★ *hit the headlines*	*défrayer la chronique*
***i**nfluence*	*influencer*
*inf**o**rm*	*informer*
***i**nterview*	*interviewer*
*inv**e**stigate*	*enquêter*
*man**i**pulate*	*manipuler*
play down	*minimiser*
print	*imprimer*
*p**u**blish*	*publier*
*ref**u**te*	*réfuter/démentir*
*rep**o**rt*	*faire état de*
*rev**ea**l*	*révéler*
*subscr**i**be to*	*s'abonner à*
*s**u**mmarize*	*résumer*

18.

Computer science and the Internet
Informatique et Internet

LES NOMS

Hardware	Le matériel informatique
a cable	un câble
a cartridge	une cartouche
a key	une touche
a keyboard	un clavier
a laptop	un ordinateur portable
a modem	un modem
a mouse	une souris
a mouse pad	un tapis de souris
a palmtop	un PDA/palm
a peripheral	un périphérique
a printer	une imprimante
a processor	un processeur
a scanner	un scanner
a screen	un écran
a usb key	une clé USB
a videoprojector	un vidéo projecteur
a webcam	une webcam
a wire	un fil
headphones	un casque
A computer	Un ordinateur
an antivirus	un antivirus
bandwidth	la largeur de bande
a chip	une puce
a component	un composant
a hard disk	un disque dur
a mother board	une carte mère
an operating system	un système d'exploitation
a sound card	une carte son
the size	la taille
a bug	un bug
a backup	une sauvegarde
a byte	un octet
a data base	une base de données
a directory	un répertoire
a file	un fichier
a menu bar	une barre d'outil
a password	un mot de passe
a path name	un nom d'accès
piracy	le piratage
a scroll bar	une barre de défilement
software	un logiciel
troubleshooting	le dépannage
word processing	le traitement de texte
The Internet	Internet
the at symbol	l'arobase
a bookmark/favourite	un signet/favori
broadband Internet/high speed Internet	Internet à haut débit

LES NOMS (suite)

a browser	un navigateur
a connection	une connexion
a domain name	un nom de domaine
a dot	un point
an e-mail	un e-mail
an e-mail attachment	une pièce jointe
fibre optic	la fibre optique
a firewall	un pare-feu
a hacker/cracker	un hacker/pirate
an Internet user	un internaute
a link	un lien
junk mail	un/des spam(s)
a network	un réseau
a newsgroup	un forum de discussion
online retailing/ e-commerce	le commerce par Internet
a provider	un fournisseur d'accès
a search engine	un moteur de recherche
a server	un serveur
The Web (World Wide Web)	la toile/le web
a website	un site web
a web logger/ blogger	un blogueur

LES ADJECTIFS

analog(ue)	analogique
compatible	compatible
digital	numérique
electronic	électronique
equipped	équipé
free	gratuit
high definition	haute définition
incorporated	incorporé
obsolete	obsolète
powerful	puissant
tech-savvy	calé en informatique
up-to-date	à jour
user-friendly	facile d'utilisation

Les mots en contexte

The Internet is a collection of interconnected computer networks. Internet est un ensemble de réseaux informatiques qui sont reliés les uns aux autres. *The Web is a collection of interconnected documents linked by hyperlinks and urls.* La toile est un ensemble de documents reliés par des liens hypertextes et des adresses url.

Well-known abbreviations. Abréviations courantes.

FAQ (Frequently Asked Questions). Questions les plus fréquemment posées. *GPS (Global Positioning Service).* GPS. *HTTP (Hyper Text Transfer Protocol).* Protocole de transfert de fichiers. *IT (Information Technology).* Technologies de l'information. *IP (Internet Protocol).* Protocole d'Internet. *LCD (Liquid Crystal Display).* Affichage à cristaux liquides. *RAM (Random Access Memory).* Mémoire vive. *ROM (Read Only Memory).* Mémoire morte. *SMS (Short Message Service).* Texto. *WAP (Wireless Application Protocol).* Protocole d'application sans fil. *'E' (electronic).* Électronique. *e-bank.* Banque en ligne. *e-commerce.* Commerce sur le net. *e-zine.* Journal diffusé sur le net. *e-learning.* Enseignement en ligne.

LES VERBES

access a file	accéder à un fichier
actuate	activer
back up	sauvegarder
bookmark	mettre un signet
boot	démarrer
browse	surfer sur le net
cancel	annuler
chat	discuter sur Internet
check	vérifier
click	cliquer
compress	comprimer
copy and paste	copier-coller
crash	tomber en panne
★ *cut and paste*	couper-coller
delete	supprimer / effacer
display	afficher
download	télécharger
drag and drop	faire glisser
dump	vider
edit	corriger
e-mail sb	envoyer un e-mail à qqn
erase	effacer
exit	sortir
google	faire une recherche avec Google
highlight	sélectionner
initialise	formater
★ *input*	entrer (des données)
log in	entrer dans le système
log on / off	se connecter / se déconnecter
plug in	brancher
print	imprimer
process	traiter
recover	récupérer
★ *reset*	relancer
★ *run*	faire marcher
save	sauvegarder
scan	numériser
scroll	faire défiler
search	chercher
★ *set up*	installer / initialiser
share	partager
shift	décaler
sort	trier
squeeze	comprimer
subscribe	s'abonner à une liste
surf the net	naviguer sur Internet
switch on / off	allumer / éteindre
update	mettre à jour
upgrade	faire une version améliorée

19.

The environment

L'environnement

Voir aussi les chapitres 20 et 21.

LES NOMS

Ecology	**L'écologie** (la science)
environmentalism	l'écologie
an environmentalist	un défenseur de l'environnement
an ecologist	un écologiste (= un scientifique)
environmental standards	les normes en matière d'environnement
a conservationist	un écologiste (= un militant)
energy conservation	des économies d'énergie
preservation	la protection / préservation
the ecosystem	l'écosystème
the eco vote	le vote écolo
the Greens	les Verts (politique)
Global warming	**Le réchauffement de la planète**
climate change	le changement climatique
the greenhouse effect	l'effet de serre
the Kyoto protocol	le protocole de Kyoto
the Earth summit	le sommet mondial
a heat wave	une vague de chaleur
an ecosystem	un écosystème
the ozone layer	la couche d'ozone
biodiversity	la biodiversité
alternative-energy sources	les sources d'énergie alternative
Pollution	**La pollution**
a pollutant	un produit polluant
carbon dioxide	le gaz carbonique
exhaust fumes	les gaz d'échappement
factory smoke	les fumées industrielles
acid rain	les pluies acides
safe drinking water	l'eau potable
the rain forest	la forêt tropicale
pesticides	les pesticides
deforestation	la déforestation
land degradation	l'appauvrissement de la terre
the top soil	la couche arable
desertification	la désertification
an endangered species	une espèce menacée
natural resources	les ressources naturelles
an oil slick / spill	une marée noire
refuse / rubbish / garbage (US)	les ordures
nuclear waste	les déchets nucléaires
household refuse / waste	les ordures ménagères
a rubbish dump	une décharge
a waste collection centre/site	une déchetterie
waste disposal	le traitement des déchets
a sewer	un égout
sewage	les eaux usées
an incinerator	un incinérateur
a landfill site	un site d'enfouissement des déchets
a bottle bank	un collecteur de verre
a scrapyard	une casse pour voitures
Conservation	**La protection de l'environnement**
waste / refuse recycling	le recyclage des déchets
selective refuse sorting	le tri sélectif

Les mots en contexte

Environmentalism is a concern for the preservation of the natural environment and the conservation of natural resources. L'écologie a pour souci la défense de l'environnement et la protection des ressources naturelles. *We'll have to cut back on CO_2 emissions which are linked to climate change.* Il va falloir réduire les émissions de CO_2 liées au changement climatique. *Global warming is caused by an increase in the greenhouse effect.* Le réchauffement climatique est dû à une augmentation de l'effet de serre.

paper recycling	le recyclage du papier
a water treatment plant	une station d'épuration
a clean-up campaign	une campagne de propreté
organic food	l'alimentation bio
solar heating/ solar power	l'énergie solaire
a solar panel	un panneau solaire
insulation	l'isolation
wind power	l'énergie éolienne
a wind farm/ a power plant	un parc d'éoliennes
a wind turbine/ machine	une éolienne
geothermal heating	le chauffage géothermique
biofuel	le carburant vert
lead-free petrol	l'essence sans plomb
a catalytic converter	un pot catalytique
the threshold of tolerance	le seuil de tolérance
eco-friendly cars	les voitures vertes (= écologiques)
non-hybrid cars	les voitures conventionnelles
alternative fuels	les carburants alternatifs

LES VERBES

pollute	*polluer*
clear/deforest	*déboiser*
drain	*drainer*
contaminate	*contaminer*
deplete/exhaust (resources)	*épuiser*
disappear	*disparaître*
dump	*déverser/jeter*
dispose of sth	*se débarrasser de qqch*
deteriorate	*empirer*
threaten	*menacer*
jeopardize	*mettre en danger*
waste	*gaspiller*
empty tanks	*dégazer*
conserve/preserve	*protéger/préserver*
save/safeguard	*sauvegarder*
purify	*purifier*
recycle	*recycler*
sort	*trier*
reduce	*réduire*
bury	*enterrer*
improve	*améliorer*

LES ADJECTIFS

environment-friendly	qui respecte l'environnement
ecological	écologique
ecologically-minded	soucieux de l'environnement
ozone-friendly	qui préserve la couche d'ozone
organic/bio/ non-polluting	non polluant
harmful	nocif
hazardous	dangereux
lethal	mortel
poisonous	toxique
polluted	pollué
unbreathable	irrespirable
contaminated	contaminé
nuclear	nucléaire
GMO (genetically modified organism)	OGM
biodegradable	biodégradable
recycled	recyclé
renewable	renouvelable
sustainable	durable
untreated	non traité

20.

The planet earth

La planète terre

Voir aussi les chapitres 19 et 21.

LES NOMS

The universe	L'univers
(outer) space	l'espace
a galaxy	une galaxie
the Milky Way	la Voie lactée
the solar system	le système solaire
a star	une étoile
a shooting star	une étoile filante
a planet	une planète
a satellite	un satellite
a comet	une comète
the moon	la lune
the stratosphere	la stratosphère
the atmosphere	l'atmosphère
the biosphere	la biosphère

Geology	La géologie
minerals	les mineraux
iron	le fer
lead	le plomb
gold	l'or
silver	l'argent
copper	le cuivre
oil	le pétrole
coal	le charbon
stone	la pierre
marble	le marbre
granite	le granite
clay	l'argile

The earth	La terre
a continent	un continent
the continental drift	la dérive des continents
a land	une terre
the North/South Pole	le pôle Nord/Sud
the Arctic	l'Arctique
the tropic of Cancer/Capricorn	le tropique du Cancer/du Capricorne
the equator	l'équateur
the northern/southern hemisphere	l'hémisphère nord/sud
an island	une île
a peninsula	une péninsule
the mainland	le continent/la terre ferme
a desert	un désert
the bush	la brousse
the jungle	la jungle
a swamp	un marécage
a hill	une colline
a mountain	une montagne
the summit/the top	le sommet
a peak	un sommet/un pic
the everlasting snows	les neiges éternelles
a volcano	un volcan
a glacier	un glacier
a valley	une vallée
a cave	une grotte
an earthquake	un tremblement de terre
a flood	une inondation
the Richter scale	l'échelle de Richter

Seas and rivers	Les mers et les fleuves
at sea level	au niveau de la mer
an ocean	un océan
a cape	un cap
a cliff	une falaise
a coast	une côte
the shore	le rivage
a creek	une crique
a bay	une baie
a gulf	un golfe
a strait	un détroit
a beach	une plage
sand	du sable
a pebble	un galet
a rock	un rocher
a wave	une vague
a ground swell	une vague de fond
a tide	une marée
a tidal wave	un raz de marée
at low/high tide	à marée basse/haute
the ebb and flow	le flux et le reflux
sea water	l'eau de mer
fresh water	l'eau douce

Les mots en contexte

The sea is rough. La mer est houleuse. Il fait gros temps. *The tide is coming in.* La marée est montante. *The tide is going out.* La marée est descendante. *In the southern hemisphere movements of tectonic plates caused an earthquake which in turn led to a tsunami.* Dans l'hémisphère sud, le mouvement des plaques tectoniques a provoqué un tremblement de terre qui, à son tour, a déclenché un tsunami. *The Mississippi river springs up at Lake Itaska.* Le Mississippi prend sa source au lac Itaska. *The Nile River is 6,700 kilometres long.* Le Nil fait 6 700 kilomètres de long. *The Rocky Mountains stretch from British Columbia to New Mexico.* Les montagnes Rocheuses s'étendent de la Colombie britannique au Nouveau-Mexique. *Earth orbits around the sun in 366.26 days.* La Terre tourne autour du soleil en 366,26 jours.

a river	une rivière/un fleuve
a tributary	un affluent
a canal	un canal
a stream	un courant/un cours d'eau
a lock	une écluse
a dam	un barrage
a waterfall	une chute d'eau
a whirlpool	un tourbillon
a spring	une source
a pond	une mare
a lake	un lac
a loch	un loch
a fjord	un fjord
a flood	une inondation
upstream	en aval
downstream	en amont
the mouth of a river	l'embouchure
the watershed	la ligne de partage des eaux

LES ADJECTIFS

universal	universel
western	occidental
eastern	oriental
southern	méridional
northern	septentrional
deep	profond
shallow	peu profond
polar	polaire
tropical	tropical
temperate	tempéré
rugged	accidenté
steep	escarpé
stony	pierreux
even	plat/uni
uneven	accidenté
impassable	infranchissable
rough	houleuse (mer)
mountainous	montagneux

LES VERBES

stretch	s'étendre
surround	entourer
★ *overhang*	surplomber
★ *flow*	couler
cross	traverser
divide	séparer
★ *rise*	se lever (astre)
★ *set*	se coucher (astre)
revolve	tourner (terre)
★ *shine*	briller
erupt	entrer en éruption
★ *flow*	couler
★ *wind*	serpenter

21.

The climate

Le climat

Voir aussi les chapitres 19 et 20.

LES NOMS

spring	le printemps
summer	l'été
***au**tumn/fall* (US)	l'automne
winter	l'hiver
the dry season	la saison sèche
the wet season	la saison humide
*the **a**tmosphere*	l'atmosphère
*a degr**ee***	un degré

The weather — Le temps

*the w**ea**ther fo**re**cast*	la météo
*a **wea**thercock*	une girouette
*a meteor**o**logist*	un météorologue
*a bar**o**meter*	un baromètre
*a therm**o**meter*	un thermomètre
*the **te**mperature*	la température
the cold	le froid
warmth	la chaleur (douce)
heat	la chaleur (forte)
a heat wave	une vague de chaleur
the dog days	la canicule
(a) drought	la sécheresse (une période de)
*the fr**ee**zing point*	le point de congélation
*the **boi**ling point*	le point d'ébullition
*cl**i**mate change*	le changement climatique
rain	la pluie
*a **rai**ndrop*	une goutte de pluie
*a **rai**nbow*	un arc-en-ciel
rainfall	les précipitations
a shower	une averse
scattered showers	des averses éparses
***A**pril sh**o**wers*	les giboulées de mars
*a d**o**wnpour*	une grosse averse
*dr**i**zzle*	la bruine
dew	la rosée
*m**oi**sture*	l'humidité
fog	le brouillard
mist	la brume
the wind	le vent
the trade winds	les vents alizés
a blast	un coup de vent
a gale	une tempête
a breeze	une brise
*a th**u**nderstorm*	un orage
*th**u**nder*	le tonnerre
a clap of thunder	un coup de tonnerre
*a flash of l**i**ghtning*	un éclair
*a l**i**ghtning cond**u**ctor*	un paratonnerre
*a torn**a**do/a tw**i**ster* (US)	une tornade
*a typh**oo**n*	un typhon
*a h**u**rricane*	un ouragan
a category 5 hurricane	un ouragan de force 5
a flood	une inondation
a flash flood	une crue subite
*a t**i**dal wave*	un raz de marée
*a l**a**ndslide*	un glissement de terrain
snow	la neige
a snowflake	un flocon de neige

Les mots en contexte

What's the weather like? Quel temps fait-il ? *Weather permitting.* Si le temps le permet. *It's raining cats and dogs.* Il pleut des cordes. *It looks like snow.* Le temps est à la neige. *It's nice and cool.* Il fait bon. *I'm nice and warm.* J'ai bien chaud. *It's 45° in the shade.* Il fait 45° à l'ombre. *The roof was blown away.* Le toit fut emporté par le vent. *In the United States, a heat wave is defined as a period of at least three consecutive days above 90°F (32°C).* Aux États-Unis, une vague de chaleur se définit comme une période d'au moins trois jours consécutifs avec une température supérieure à 90°F (soit 32°C). *To convert Fahrenheit degrees to Celsius degrees subtract 32, then multiply by 5/9.* Pour convertir des degrés Fahrenheit en degrés Celsius, il faut enlever 32 et ensuite multiplier par 5/9. (90°F – 32 = 58 – 58 × 5 = 290 – 290 : 9 = 32,2°C).

a snowdrift	une congère
sleet	de la neige fondue
*an **a**valanche*	une avalanche
ice	la glace
black ice	le verglas
*an **i**cicle*	un glaçon
*the **i**cecap*	la banquise
hail	la grêle
*a **hail**stone*	un grêlon
frost	la gelée/le gel
white frost	la gelée blanche
thaw	le dégel

LES ADJECTIFS

hot	chaud (très)
warm	chaud (agréable)
mild	doux
cold	froid
cool	frais
***tem**perate*	tempéré
*torr**en**tial*	torr**en**tiel
***hu**mid/damp*	humide
dry	sec
***win**dy*	venteux
*st**o**rmy*	orageux
*r**ai**ny*	pluvieux
*d**e**wy*	couvert de rosée
*f**o**ggy/misty*	brumeux
*sn**o**wy*	neigeux
icy	glacial/verglacé
*s**u**nny*	ensoleillé
***o**vercast*	couvert
unsettled	variable

LES VERBES

rain	pleuvoir
*dri**zz**le*	bruiner
snow	neiger
hail	grêler
★ *freeze*	geler
frost	givrer
ice up/frost over	se givrer (route)
melt	fondre
★ *fall*	tomber (température)
★ *rise*	monter (température)
★ *blow*	souffler
*th**u**nder*	tonner
flood	inonder
★ *shine*	briller
twinkle	scintiller
★ *rise*	se lever (soleil)
★ *set*	se coucher (soleil)

22. Animals
Les animaux

LES NOMS

fauna/wild life	la faune
a species	une espèce

Pets — Les animaux familiers

a cat/a kitten	un chat/un chaton
a dog/a puppy	un chien/un chiot
a guinea pig	un cochon d'Inde
a hamster	un hamster
a mouse (pl. mice)	une souris
a paw	une patte (chat/chien)
a rabbit	un lapin
a tortoise	une tortue
the fur	la fourrure
the tail	la queue

Insects and garden animals — Les insectes et animaux des jardins

a bee	une abeille
a butterfly	un papillon
a dragonfly	une libellule
a flea	une puce
a fly	une mouche
a frog	une grenouille
a grasshopper	une sauterelle
a ladybird	une coccinelle
a mosquito	un moustique
a snail	un escargot
a spider	une araignée
a squirrel	un écureuil
a toad	un crapaud
a wasp	une guêpe
an ant	une fourmi

Farm animals — Les animaux de la ferme

a bull	un taureau
a calf (pl. calves)	un veau
a cow	une vache
a donkey	un âne
a ewe	une brebis
a foal	un poulain
a goat	une chèvre
a herd	un troupeau
a horse	un cheval
a lamb	un agneau
a mare	une jument
a pig	un porc
a pony	un poney
a sheep (pl. sheep)	un mouton
an ox (pl. oxen)	un bœuf
cattle	le bétail

Birds — Les oiseaux

a bat	une chauve-souris
a beak	un bec
a blackbird	un merle
a chick	un poussin
a chicken	un poulet
a claw	une serre/une griffe
a cock	un coq
a crow	un corbeau
a duck	un canard
a feather	une plume
a goose (pl. geese)	une oie
a gull	une mouette
a hen	une poule
a magpie	une pie
a nest	un nid
a nightingale	un rossignol
a parrot	un perroquet
a penguin	un pingouin
a pigeon	un pigeon
a sparrow	un moineau
a stork	une cigogne
a swan	un cygne
a turkey	une dinde
a vulture	un vautour
a woodpecker	un pivert
an eagle	un aigle
an ostrich	une autruche

Les mots en contexte

An "endangered" species is one that is in danger of extinction. Une espèce en voie d'extinction est une espèce qui est susceptible de disparaître. *One half of all species of life on earth could be extinct in the next 100 years.* La moitié de toutes les formes de vie sur terre pourraient disparaître dans les cent prochaines années. *There may be fewer than 5,000 tigers surviving in the wild.* Il pourrait y avoir moins de 5 000 tigres vivant encore en liberté. *The Society for the Prevention of Cruelty to Animals (RSPCA).* La SPA britannique. *Beware of the dog!* Attention ! Chien méchant ! *His bark is worse than his bite.* Il aboie plus qu'il ne mord. *The World Wide Fund for Nature (WWF) is an international non-governmental organization for the conservation of the natural environment.* Le WWF (Fonds mondial pour la vie sauvage) est une organisation internationale non gouvernementale impliquée dans la protection de l'environnement. *An estimated 100 million sharks and rays are caught every year.* On estime à 100 millions le nombre de requins et de raies capturés chaque année.

an owl	un hibou
fowl	la volaille
wings	les ailes

Wild animals	Les animaux sauvages
a bear	un ours
a buffalo	un buffle / un bison (aux USA)
a camel	un chameau
a crocodile	un crocodile
a fox	un renard
a giraffe	une girafe
a hippopotamus	un hippopotame
a kangaroo	un kangourou
a leopard	un léopard
a lion	un lion
a monkey	un singe
a panther	une panthère
a rhinoceros	un rhinocéros
a snake	un serpent
a tiger	un tigre
a wolf (pl. wolves)	un loup
a zebra	un zèbre
an antelope	une antilope
an ape	un grand singe
an elephant	un éléphant

Sea animals	Les animaux marins
a dolphin	un dauphin
a lobster	un homard
a mussel	une moule
a sardine	une sardine
a seal	un phoque
a shark	un requin
a shrimp	une crevette
a starfish	une étoile de mer
a tuna	un thon
a whale	une baleine
an octopus	une pieuvre
an oyster	une huître

LES ADJECTIFS

extinct	éteinte (espèce)
harmful	dangereux
harmless	inoffensif
tame	domestiqué
migratory	migrateur
predatory	prédateur

LES VERBES

★ *keep pets*	avoir des animaux de compagnie
★ *feed*	nourrir
★ *bite*	mordre
bark	aboyer
mew	miauler
★ *fly*	voler
★ *swim*	nager
kick (out)	ruer
gnaw	ronger
★ *creep*	ramper
buzz	bourdonner
roar	rugir
coo	roucouler
moo	meugler

23.

Plants

Les végétaux

LES NOMS

A flower garden	Un jardin d'agrément
a berry	une baie
a bud	un bouton
a bunch of flowers	un bouquet de fleurs
bougainvillea	le bougainvillier
a daffodil	une jonquille
a daisy	une pâquerette / marguerite
a flower-bed	un parterre
a forget-me-not	un myosotis
grass	l'herbe
a greenhouse	une serre
honeysuckle	le chèvrefeuille
an iris	un iris
lavender	la lavande
a lily	un lis
lily of the valley	le muguet
a pansy	une pensée
a peony	une pivoine
a petal	un pétale
a poppy	un coquelicot
a primrose	une primevère
a seed	une graine
a shoot	une pousse
a sunflower	un tournesol
a tulip	une tulipe
a violet	une violette
(a) mimosa (tree)	le (un) mimosa
a weed	une mauvaise herbe
wisteria (vines)	la (des) glycine(s)

Garden tools	Les outils de jardin
a lawnmower	une tondeuse
a hose	un tuyau d'arrosage
a rake	un râteau
secateurs	une paire de sécateurs
shears	de grands ciseaux
a shovel	une pelle
a spade	une bêche
a sprinkler	un arroseur (automatique)
a watering can	un arrosoir
a wheelbarrow	une brouette

A vegetable garden	Un potager
a bean	un haricot
a cabbage	un chou
a carrot	une carotte
a cauliflower	un chou-fleur
a chickpea	un pois chiche
a courgette / zucchini	une courgette
a leek	un poireau
lettuce	la laitue
a mushroom	un champignon
a potato (pl. potatoes)	une pomme de terre
a radish	un radis
a tomato (pl. tomatoes)	une tomate
an onion	un oignon
rice	le riz
spinach	les épinards

Herbs and spices	Les herbes et épices
bay	le laurier
cinammon	la cannelle
dill	l'aneth
garlic	l'ail
ginger	le gingembre
mint	la menthe
parsley	le persil
pepper	le poivre
rosemary	le romarin
sage	la sauge
tarragon	l'estragon
thyme	le thym
vanilla	la vanille

Fruit	Les fruits
an apple	une pomme
an apricot	un abricot
a banana	une banane
a blackberry	une mûre

Les mots en contexte

Pass me a piece of fruit please. Passe-moi un fruit s'il te plaît. *Do you like gardening?* Aimez-vous le jardinage ? *They will teach you how to sow seeds and grow plants.* Ils vous apprendront à semer des graines et faire pousser des plantes. *The flowers need watering.* Les fleurs ont besoin d'être arrosées. *The lawn needs mowing.* La pelouse a besoin d'être tondue. *My mother's got green fingers.* Ma mère a la main verte. *He's gone bananas.* Il est devenu complètement fou. *It cost me peanuts.* Cela ne m'a rien coûté du tout. *Deforestation has resulted in a degraded environment with reduced biodiversity.* Le déboisement a conduit à la dégradation de l'environnement et à la réduction de la biodiversité.

blackcurrant	le cassis
a cherry	une cerise
citruses	les agrumes
a clementine	une clémentine
a coconut	une noix de coco
a fig	une figue
a grapefruit	un pamplemousse
grapes	les raisins
a lemon	un citron
a melon	un melon
a peach	une pêche
a pear	une poire
a plum	une prune
a prune	un pruneau
a raspberry	une framboise
a strawberry	une fraise
an orange	une orange
a pineapple	un ananas

Trees and shrubs	Les arbres et les arbustes
an almond tree	un amandier
bamboo	le bambou
the bark	l'écorce
a beech	un hêtre
a birch	un bouleau
brambles	les ronces
a branch	une branche
a bush	un buisson
a cedar	un cèdre
a chestnut tree	un châtaignier
a horse chestnut tree	un marronnier
a fir tree	un sapin
a hedge	une haie
a leaf	une feuille
a log	une bûche
mahogony	l'acajou
an oak	un chêne
an olive tree	un olivier
a pine tree	un pin
a plane (tree)	un platane
a poplar	un peuplier
the rainforest	la forêt tropicale
roots	les racines
timber	le bois (de construction)
a weeping willow	un saule pleureur
wood	le bois

LES ADJECTIFS

edible	comestible
everlasting	persistant
exotic	exotique
fast-growing	à croissance rapide
poisonous	toxique
ripe	mûr
rotten	pourri
tropical	tropical

LES VERBES

chop down	abattre
★ *dig*	bêcher
★ *grow*	(faire) pousser
harvest	récolter
pick	cueillir
plant	planter
★ *saw*	scier
★ *sow*	semer
spray	pulvériser
water	arroser

24. Agriculture
L'agriculture

LES NOMS

Agriculture/ farming	L'agriculture
a farmer	un fermier
a tenant farmer	un métayer
a wheat farmer	un céréalier
a stockbreeder	un éleveur
a fruit and vegetable grower	un producteur de fruits et légumes
a wine grower	un viticulteur / vigneron
a beekeeper	un apiculteur
a fish farmer	un pisciculteur
an agricultural engineer	un ingénieur agronome
a geneticist	un généticien
a farm worker / a farm hand	un ouvrier agricole
a countryman	un habitant de la campagne
a peasant	un agriculteur / un paysan
a shepherd	un berger
a farmhouse	une ferme
an estate	un domaine
the top soil	la terre arable
the farm-produce industry	l'industrie agroalimentaire (des produits fermiers)
a crop/a harvest	une récolte
a tractor	un tracteur
a combine harvester	une moissonneuse-batteuse
a seeding machine	un semoir
a silo	un silo
land	de la terre
a field	un champ
a fence	une clôture
a hedge	une haie
a meadow	une prairie
an orchard	un verger
a vineyard	un vignoble
agribusiness	les agro-industries
the food industry	l'industrie agroalimentaire
sustainable agriculture	l'agriculture durable
organic farming	l'agriculture bio
intensive farming	l'agriculture intensive
factory farming	l'élevage industriel
battery farming	l'élevage en batterie
the Common Agricultural Policy (the CAP)	La politique agricole commune (la PAC)
an agricultural subsidy	une subvention agricole
crop subsidies	les subventions agricoles

Cereals	Les céréales
soybean	le soja
wheat	le blé
corn	le blé (Br) / maïs (US)
maize	le maïs (Br)
straw	la paille
hay	le foin
barley	l'orge
rye	le seigle
oats	l'avoine
hops	le houblon
rice	le riz
colza / rape	le colza
sunflowers	le tournesol
GMOs	les OGM
a biotech product	un produit transgénique
traceability	la traçabilité
crops	les récoltes
fertilizers	les engrais
pesticides	les pesticides

biofuels	les biocarburants

The livestock / the cattle	**Le bétail**
an ox (pl. oxen)	un bœuf
beef	du bœuf
a calf (pl. calves)	un veau
veal	du veau
a sheep	un mouton
mutton	du mouton
a lamb / lamb	un agneau / de l'agneau
a pig	un porc
pork	du porc
a goat	une chèvre
a stable	une écurie
a cowshed	une étable

Poultry	**La volaille**
the barnyard	la basse-cour
a chicken	un poulet
free-range chickens	poulets élevés en plein air
a duck	un canard
a goose (pl. geese)	une oie

Diseases	**Les maladies**
a communicable disease	une maladie transmissible
avian flu / bird flu	la grippe aviaire
bird-to-human transmission	la transmission de l'oiseau à l'homme
the H5N1 virus	le virus H5N1
a H5N1 vaccine	un vaccin contre le virus H5N1
a pandemic	une pandémie
foot-and-mouth disease	la fièvre aphteuse
mad cow disease	la maladie de la vache folle

LES ADJECTIFS

arid	aride
barren	stérile
fertile	fertile
fallow	en jachère
arable	arable
intensive	intensif
transgenic	transgénique
genetically modified	génétiquement modifié
dormant	dormant / en sommeil (virus)
organic	bio(logique)
renewable	renouvelable
ripe	mûr

Les mots en contexte

The big issue at the moment in farming is food quality. De nos jours, le problème essentiel de l'agriculture est celui de la qualité de la nourriture. *There's a growing demand for environment-friendly food.* La demande de produits bio ne cesse d'augmenter. *Traceability is the ability to follow a substance through all stages of production and distribution.* On peut définir la « traçabilité » comment étant la possibilité de suivre une substance à travers toutes les phases de production et de distribution. *The CAP (Common Agricultural Policy) is a system of subsidies and programmes which aims at increasing productivity, ensuring fair living standards for the agricultural community, stabilising markets and protecting food safety.* La PAC (politique agricole commune) est un système de subventions et de programmes qui a pour objectif d'augmenter la productivité, de garantir un niveau de vie convenable aux membres de la communauté agricole, de stabiliser les marchés et de s'assurer de la qualité de la nourriture. *Is the coexistence of genetically modified crops with conventional and organic farming possible?* La coexistence de cultures génétiquement modifiées avec l'agriculture traditionnelle ou « bio » est-elle possible ?

LES VERBES

cultivate (a field)	cultiver (un champ)
★ *grow*	cultiver / faire pousser
plant	planter
fertilize	fertiliser / amender (le sol)
irrigate	irriguer
water	arroser
plough	labourer
★ *sow*	semer
yield	produire
reap	moissonner
pick	cueillir
harvest / reap	récolter
★ *breed/rear*	faire de l'élevage
milk (a cow)	traire (une vache)
subsidize	subventionner
mutate	muter
ban	interdire
quarantine	mettre en quarantaine

25.

Travelling

Les voyages

LES NOMS

a journey, a trip	un voyage
a business trip	un voyage d'affaires
a voyage	un voyage en mer
a cruise	une croisière
a traveller	un voyageur
a travel agency	une agence de voyages
a tour operator	un voyagiste
a holiday-maker	un vacancier
a vacation package	un séjour tout compris
a traveller's cheque	un chèque de voyage
a passport	un passeport
ID (= identity)	des papiers d'identité
an identity card	une carte d'identité
the customs	la douane
a customs officer	un douanier
a bicycle/a bike	une bicyclette
a motorbike	une moto
a moped	un vélomoteur
a lorry/a truck (US)	un camion
a bus/a coach	un bus/un autocar/un car

Cars — Les voitures

the boot (Br)/the trunk (US)	le coffre
the windscreen/the windshield	le pare-brise
the accelerator	l'accélérateur
the engine	le moteur
the brake	le frein
the clutch	l'embrayage
the headlights	les feux de circulation
a driving licence	un permis de conduire
the highway code	le code de la route
a road tax disc (Br)/a car registration sticker (US)	une vignette
a radar trap	un radar
a speed camera	une caméra de surveillance routière
a breakdown	une panne

Trains — Les trains

a highspeed train	un train à grande vitesse
a commuter train	un train de banlieue
a non-stop/a through train	un train direct
a tram (Br)/a street-car (US)	un tramway
a carriage/a car	une voiture/un wagon
a timetable	un horaire
a single ticket (Br)/a one-way ticket (US)	un billet aller simple
a return ticket (Br)/a round trip ticket (US)	un billet aller-retour
a railway/train station	une gare

Planes — Les avions

an airline	une compagnie aérienne
an aircraft (pl. inv.)	un avion
an airliner/a jetliner	un avion de ligne
an airport	un aéroport
a heliport	un héliport
a waiting room	une salle d'attente
arrivals	les arrivées
a terminal	une aérogare
departures	les départs
a flight	un vol
a gate	une porte (d'accès)
the check-in (desk)	l'enregistrement (comptoir)
luggage/baggage	les bagages
hand luggage (Br)/a carry-on bag (US)	un bagage à main
a boarding pass	une carte d'embarquement

LES NOMS (suite)

the departure lounge	la salle d'embarquement
a runway	une piste d'atterrissage
takeoff	le décollage
landing	l'atterrissage
an emergency exit	une sortie de secours
a seat-belt	une ceinture de sécurité
a passenger	un passager
a pilot	un pilote
an airhostess / a stewardess	une hôtesse de l'air
a steward	un steward
the black box	la boîte noire
highjacking (hijacking)	un détournement d'avion
jet lag	la fatigue du décalage horaire

Ships	Les navires
a liner	un paquebot
a ferry	un ferry
the captain	le capitaine
the crew	l'équipage
a lifeboat	un canot de sauvetage

Accommodation	L'hébergement
a hotel	un hôtel
a motel	un motel
a youth hostel	une auberge de jeunesse
a boarding house / a guest house	une pension de famille
a B&B (Bed and Breakfast)	une chambre d'hôte
full board	la pension complète
partial board	la demi-pension
a single / double room	une chambre pour une personne / double
a camp site	un terrain de camping
a tent	une tente
a rucksack	un sac à dos
a sleeping bag	un sac de couchage
a camper	un camping-car
a recreational vehicle (= an RV) (US)	un camping-car
a caravan (Br) / *a trailer* (US)	une caravane
a mobile home	un mobile home

LES ADJECTIFS

delayed	retardé
cancelled	annulé
diverted (flight)	détourné / dérouté
highjacked / hijacked (plane)	détourné / pris en otage
airsick	qui a le mal de l'air
seasick	qui a le mal de mer
all-included	tout compris
crowded	plein / bondé (train / bus)
full up	plein (hôtel)
furnished	meublé

Les mots en contexte

Do you have any rooms available/vacancies? Avez-vous des chambres libres ? *Do not disturb.* Ne pas déranger. *No vacancies.* Complet (hôtel). *Fasten your seat-belts.* Attachez vos ceintures. *Do you have anything to declare?* Avez-vous quelque chose à déclarer ? *Did you have a nice trip?* Avez-vous fait bon voyage ? *Last minute offers!* Offres de dernière minute ! *Tom Cook has a week's 4 star hotel accommodation from £350, including flight for departures between 14 Sep-25 Oct.* Tom Cook propose un séjour en hôtel 4**** à partir de 350£, vol compris. Dates de départ : entre le 14 septembre et le 25 octobre. *We had a lovely trip to the Czech Republic and we very much enjoyed our stay in Prague.* Nous avons fait un beau voyage en République tchèque et avons adoré notre séjour à Prague. *On Monday we boarded a bus to visit sites around the country.* Lundi nous sommes partis en bus visiter des sites touristiques du pays. *We were to have departed at 2:15 but our flight was cancelled.* Nous aurions dû partir à 14 h 15 mais notre vol a été annulé. *Our flight was delayed due to mechanical problems.* Notre vol a été retardé à cause d'ennuis mécaniques. *We're due to fly on British Airways from Manchester to London.* Nous devons voyager par British Airways de Manchester à Londres.

LES VERBES

travel	voyager
★ *go through the customs*	passer la douane
★ *fly*	voyager en avion
cycle	faire du vélo
sail	voyager en bateau
check in (at airport)	se présenter à l'enregistrement
board a plane	monter à bord
disembark	descendre d'avion
★ *be jet-lagged*	ressentir le décalage horaire
★ *take off*	décoller
land	atterrir
★ *drive*	conduire/se déplacer en voiture
hire/rent a car	louer une voiture
★ *break down*	tomber en panne
★ *overtake*	dépasser
book	réserver
stay	séjourner
cancel	annuler/résilier
check in (at hotel)	remplir une fiche d'hôtel
check out	régler la note d'hôtel
pack/unpack	faire/défaire ses valises
hitch-hike	faire de l'auto-stop

26.

Countries and nationalities

Pays et nationalités

LES NOMS

The United Nations (Organization)/*the UN*	les Nations Unies (l'Organisation des)
a border	une frontière

The EU and Europe — L'UE et l'Europe

the European Union (the EU)	l'Union européenne (l'UE)
the European Community (the EC)	la Communauté européenne (la CE)
Austria	l'Autriche
an Austrian	un Autrichien
Belgium	la Belgique
a Belgian	un Belge
Bulgaria	la Bulgarie
a Bulgarian	un Bulgare
Cyprus	Chypre
a Cypriot	un C(h)ypriote
the Czech Republic	la République tchèque
a Czech	un Tchèque
Denmark	le Danemark
a Dane	un Danois
Estonia	l'Estonie
an Estonian	un Estonien
France	la France
a Frenchman	un Français
Finland	la Finlande
a Finn	un Finnois
Germany	l'Allemagne
a German	un Allemand
Greece	la Grèce
a Greek	un Grec
Hungary	la Hongrie
a Hungarian	un Hongrois
Iceland	l'Islande
an Icelander	un Islandais
Ireland	l'Irlande
an Irishman	un Irlandais
Italy	l'Italie
an Italian	un Italien
Turkey	la Turquie
a Turk	un Turc
Latvia	la Lettonie
a Latvian	un Letton
Lithuania	la Lituanie
a Lithuanian	un Lituanien
Luxembourg	le Luxembourg
a Luxemburger	un Luxembourgeois
Malta	Malte
a Maltese	un Maltais
the Netherlands	les Pays-Bas
a Dutchman	un Hollandais
Norway	la Norvège
a Norwegian	un Norvégien
Poland	la Pologne
a Pole	un Polonais
Portugal	le Portugal
a Portuguese	un Portugais
Romania	la Roumanie
a Rumanian	un Roumain
Russia	la Russie
a Russian	un Russe
Slovakia	la Slovaquie
a Slovakian	un Slovaque
Slovenia	la Slovénie
a Slovenian	un Slovène
Spain	l'Espagne
a Spaniard	un Espagnol
Sweden	la Suède
a Swede	un Suédois
Switzerland	la Suisse
a Swiss	un Suisse
the United Kingdom	le Royaume-Uni
a Briton	un Britannique

English-speaking countries — Les pays anglophones

England	l'Angleterre
an Englishman	un Anglais
the English/ English people	les Anglais
Scotland	l'Écosse
a Scot(sman)	un Écossais

Les mots en contexte

The European Community (the EC) was founded in 1957 by the signing of the Treaty of Rome under the name of European Economic Community. La Communauté européenne fut fondée en 1957 lors de la signature du traité de Rome sous le nom de Communauté économique européenne. *There are currently 193 States recognized by the United Nations.* Il existe actuellement 193 États reconnus par les Nations Unies. *Romania has been a member of the European Union since Jan 1, 2007.* La Roumanie fait partie de l'Union européenne depuis le 1er janvier 2007. *The Commissioner for human rights underlined the positive steps undertaken by the Austrian authorities to improve the protection and promotion of human rights.* Le commissaire aux droits de l'homme a souligné que les initiatives prises par le gouvernement autrichien pour améliorer la protection et la promotion des droits de l'homme allaient dans le bon sens.

Wales	le pays de Galles
a Welshman	un Gallois
Eire	la République d'Irlande
Ulster	l'Irlande du Nord
Canada	le Canada
a Canadian	un Canadien
the United States of America	les États-Unis d'Amérique
an American	un Américain
the West Indies	les Antilles
a West Indian	un Antillais
Jamaica	la Jamaïque
a Jamaican	un Jamaïcain
the Falkand Islands	les Malouines
Australia	l'Australie
an Australian	un Australien
New Zealand	la Nouvelle-Zélande
a New Zealander	un Néo-Zélandais

Other countries	Autres pays
Algeria	l'Algérie
Argentina	l'Argentine
Bangladesh	le Bangladesh
Brazil	le Brésil
Chile	le Chili
China	la Chine
India	l'Inde
Indonesia	l'Indonésie
Iran	l'Iran
Irak	l'Irak
Israel	Israël
Japan	le Japon
Korea	la Corée
Kuwait	le Koweit
Lebanon	le Liban
Morocco	le Maroc
Pakistan	le Pakistan
South Africa	l'Afrique du Sud
the United Arab Emirates	les Émirats arabes
Vietnam	le Vietnam

LES ADJECTIFS

western	occidental
eastern	oriental
southern	méridional
northern	septentrional
African	africain
American	américain
European	européen
Asian	asiatique
Oceanian	océanien
Spanish	espagnol
Danish	danois
Finnish	finlandais
Swedish	suédois
Icelandic	islandais
French	français
English	anglais
Welsh	gallois
Irish	irlandais
Scottish	écossais
Turkish	turc
Chinese	chinois

LES VERBES

join the EC	rejoindre la CE
veto	mettre son veto
immigrate	immigrer
emigrate	émigrer
integrate	intégrer
enlarge	élargir

27. The city
La ville

Voir aussi le chapitre 5.

LES NOMS

a metropolis	une métropole
a capital	une capitale
a city	une grande ville
the City	La Cité (de Londres)
city dwellers	les citadins
a town	une ville
a dormitary town	une ville-dortoir
a new town	une ville nouvelle
a district	un quartier
a market town	un bourg
a village	un village
town planning	l'urbanisme
the inner city	le centre-ville
the city centre (Br) / *downtown* (US)	le centre-ville
the suburbs	la banlieue
the inner cities	les quartiers défavorisés
the neighbourhood	le voisinage / le quartier
a residential area	une zone d'habitation
an industrial estate	une zone industrielle
the town council	la municipalité
a borough	une circonscription
a green belt	une ceinture verte
an office block	un immeuble de bureaux
a tower	une tour
the town hall	la mairie
the Tourist Information Office	le syndicat d'initiative
a museum	un musée
a gallery	une galerie / un musée (d'art)
a business centre	un centre d'affaires
a station	une gare
a theatre	un théâtre
an opera house	un opéra
a concert hall	une salle de concert
a police station	un commissariat
a courthouse	un tribunal
a fire station	une caserne de pompiers
public conveniences	des toilettes publiques
a hospital	un hôpital
a clinic	une clinique

Problems	Les problèmes
noise pollution	la pollution sonore
a car crash	un accident de voiture
roadhogs	les chauffards
traffic	la circulation
rush/peak-hour traffic	la circulation à l'heure de pointe
traffic lights	les feux de circulation
traffic congestion	les embouteillages
a traffic-jam (Br) / *a gridlock* (US)	un embouteillage
parking	le stationnement
a parking ticket	une contravention pour stationnement
the congestion charge	le péage urbain (Londres)
a toll	un péage
vandalism	le vandalisme
(a) mugging	une agression
drink-driving	la conduite en état d'ivresse

Getting around	Circuler
the pavement	le trottoir
the roadway	la chaussée
the kerb (Br) / *curb* (US)	le bord du trottoir
a one-way street	une rue à sens unique
the high street (Br) / *the main street* (US)	la grand-rue
a crossroads	un carrefour
a roundabout (Br) / *a traffic circle* (US)	un rond-point
a bridge	un pont
an embankment	un quai (de fleuve)
a square	une place
a pedestrian crossing (Br) / *a crosswalk* (US)	un passage pour piétons

Les mots en contexte

Subway, sweat and sleep. Métro, boulot, dodo. *No parking.* Stationnement interdit. *No waiting.* Arrêt interdit. *The refurbishing of many central areas has led to a dramatic increase in property prices.* La rénovation de beaucoup de centres-villes a engendré une hausse phénoménale des prix de l'immobilier. *The urbanites walk 15 to 30 minutes more each day than their suburban counterparts.* Les citadins marchent 15 à 30 minutes de plus par jour que leurs homologues des banlieues. *In 2020, more than half the world's population will be living in urban areas.* En 2020, plus de la moitié de la population mondiale habitera dans des zones urbaines. *San Francisco has a long tradition as being one of the most environmentally friendly cities in the country.* San Francisco est par tradition une des villes les plus écologiques du pays.

public transport	les transports en commun
a means of transport	un moyen de transport
a tram/ a streetcar (US)	un tramway
a double decker (bus)	un bus à étage
a bus lane	un couloir de bus
a bus stop	un arrêt d'autobus
the underground railway/ the Tube (Br)	le métro (Londres)
the subway (US)	le métro (New York)
a tube/a subway station	une station de métro
a commuter train	un train de banlieue
a taxi/a cab (US)	un taxi
a car park (Br)/ *parking lot* (US)	un parking
car pooling	le co-voiturage
a parking-meter	un parcmètre
a bicycle lane	un couloir à vélos
green spaces	les espaces verts
a park	un parc

People	Les gens
a mayor	un maire
a councillor	un conseiller municipal
a council worker	un employé municipal
a commuter	un banlieusard
a neighbour	un voisin
the people next door	les voisins
a resident	un résident/habitant
a town planner	un urbaniste
a city-dweller	un citadin
a traffic warden	un(e) contractuel(le)
a fireman (Br)/ *firefighter* (US)	un pompier
a park attendant	un gardien de parc
a dustman	un éboueur
a road sweeper	un balayeur
the homeless	les SDF
a beggar	un mendiant
a down-and-out (Br)/*a tramp*	un clochard

LES ADJECTIFS

urban	urbain(e)
out-of-town	périphérique
congested	embouteillé
crowded	bondé
homeless	sans domicile fixe
noisy	bruyant
squalid	sordide
insecure	peu sûr/dangereux
lively	vivant/animé
safe	sûr/sans danger

LES VERBES

★ *build*	bâtir
renovate	rénover
rehabilitate	réhabiliter
pull down	abattre (bâtiment)
★ *dwell*	habiter
vandalize	vandaliser
pollute	polluer
use public transport	utiliser les transports en commun
clean(se) the streets	nettoyer les rues
★ *go into town*	aller en ville
★ *ride*	se déplacer à bicyclette
★ *drive*	se déplacer en voiture
park	se garer
double park	se garer en double file
walk	se déplacer à pied
commute	faire la navette ville-banlieue

28.

Work

Le monde du travail

LES NOMS

an ad	une petite annonce
a letter of application	une lettre de motivation
an appointment	un rendez-vous
a CV (Br) / *a résumé* (US)	un CV
work experience	l'expérience professionnelle
a career	une carrière
an odd job	un petit boulot
a temp	un intérimaire
a position	un poste
the know-how	le savoir-faire
skills	les compétences
a sandwich course	un stage en alternance
a refresher course	un cours de recyclage
an intensive course	une formation intensive
life-long training	la formation tout au long de la vie
in-service training	la formation continue
vocational training	la formation professionnelle
a trainer	un formateur
a trainee	un stagiaire
a promotion	une promotion
a bonus	une prime
a salary/a wage (pl. wages)	un salaire
the minimum wage	le salaire minimum garanti
a pay slip	un bulletin de salaire
a pay rise	une augmentation
overtime	des heures supplémentaires
flexibility	la flexibilité
absenteeism	l'absentéisme
a wage freeze	un blocage des salaires
a leave	un congé
brain drain	la fuite des cerveaux
a workaholic	un accro du boulot

Jobs — Les emplois

a boss	un patron
an employer	un employeur
an employee	un employé
a labour inspector	un inspecteur du travail
an employment agency	une agence de travail
an occupation	une profession
a trade	un métier
the public sector	le secteur public
a civil servant	un fonctionnaire
the private sector	le secteur privé
the staff	le personnel
the management	le personnel de direction
the chief executive officer (the CEO)	le PDG
a (senior) executive	un cadre supérieur
a (junior) executive	un cadre moyen
an engineer	un ingénieur
a foreman	un chef d'équipe
a worker	un ouvrier
labour	la main-d'œuvre
a morning shift	une équipe de jour
a night shift	une équipe de nuit
teleworking	le télétravail
moonlighting	le travail au noir
an occupational disease	une maladie professionnelle

Unemployment — Le chômage

a dismissal	un renvoi / un licenciement
a lay-off letter / a pink slip (US)	un avis de licenciement
a severance pay	une indemnité de licenciement
redundancy	le licenciement économique

downsizing/ streamlining	la réduction des effectifs
the jobless/ the unemployed	les chômeurs
the long-term unemployed	les chômeurs de longue durée
a job centre	une agence pour l'emploi
a job-seeker	un demandeur d'emploi
early retirement	la retraite anticipée
restructuring	la restructuration
the dole	les allocations chômage
unemployment benefits	les indemnités de chômage
a golden handshake	une grosse prime de départ
a golden parachute	un parachute doré
retirement	la retraite

Trade unions — Les syndicats

a claim	une revendication
a strike	une grève
on strike	en grève
a wildcat strike	une grève sauvage
a striker	un gréviste
a blackleg/ a scab	un briseur de grève/ un jaune
collective bargaining	des négociations
the negotiating table	la table de négociation
worksharing	le partage du travail
a deadlock	une impasse
a demonstration	une manifestation
a demonstrator	un manifestant
a go-slow (Br)/ *a slowdown* (US)	une grève perlée
a sit-down strike	une grève sur le tas
a work-to-rule	une grève du zèle
an agreement	un accord

LES ADJECTIFS

able	capable
competitive	concurrentiel
enterprising	entreprenant
flexible	souple
(un)skilled	(non) qualifié
exploited	exploité
underpaid	sous-payé
temporary	à durée limitée
part-time	à temps partiel
full-time	à temps plein
self-employed	à son compte
migrant	saisonnier
unemployed	au chômage
jobless	sans emploi
retired	retraité

Les mots en contexte

You are overworked. Tu travailles trop. *You need to take a few days off.* Tu as besoin de prendre quelques jours de congé. *I'd like a job which allowed me to use the skills I learned during my training period.* J'aimerais un emploi qui me permette d'utiliser les compétences que j'ai acquises pendant mon stage. *I'm bored with my present job.* Je m'ennuie dans ma situation/mon emploi actuel(le). *I do nothing but clerical work.* Je ne fais que du travail de bureau. *My job involves dealing with foreign customers.* Mon travail consiste à traiter avec des clients étrangers. *I've been short-listed for the position.* Je fais partie des candidats sélectionnés pour le poste. *Who's in charge of the company's works council?* Qui est responsable du comité d'entreprise ? *As he could not make a living in show business, he decided to change sectors.* Comme il ne pouvait pas gagner sa vie dans le spectacle, il décida de changer de branche. *Most unemployed people are unskilled workers.* La plupart des chômeurs sont des travailleurs sans qualification.

LES VERBES

apply for a job	postuler pour un emploi
appoint sb to a job	nommer qqn à un emploi
hire	embaucher
★ *be on probation*	être en période d'essai
clock in/out	pointer à l'arrivée/au départ
train	former
turn down an offer	refuser une offre
climb the ladder	monter les échelons
promote	promouvoir
earn	gagner (salaire)
raise	augmenter
moonlight	travailler au noir
★ *cut jobs*	supprimer des emplois
★ *make sb redundant*	licencier qqn pour motif économique
dismiss	renvoyer
fire	virer
pension sb off	mettre qqn à la retraite
★ *be on the dole* (Br)/ *on welfare* (US)	être au chômage/percevoir les allocations de chômage
resign	démissionner
★ *go on strike*	se mettre en grève
★ *strike*	faire grève
demonstrate	manifester
resume work	reprendre le travail
retire	prendre sa retraite

29. Shops and shopping
Magasins et achats

LES NOMS

Shopkeepers and shops	Les commerçants et les boutiques
a wholesaler	un grossiste
a trader	un négociant
a retailer	un détaillant
a dealer	un concessionnaire
a supplier	un fournisseur
a middleman	un intermédiaire
a salesman representative	un représentant
a shopkeeper	un commerçant
a shop assistant	un vendeur
a salesclerk, a salesman, a saleslady	un vendeur, une vendeuse
a security guard	un vigile
commerce	le commerce
fair trade	le commerce équitable
competition	la concurrence
supply and demand	l'offre et la demande
price-fixing	les ententes illicites sur les prix
a self-service store	un libre-service
a shop (Br) / *a store* (US)	un magasin
a department store	un grand magasin
a convenient store	un magasin de proximité
a supermarket	un supermarché
a hypermarket	un hypermarché
a warehouse	un entrepôt
a chain	une chaîne
a branch	une succursale
a franchise	un magasin en franchise
a shopping mall/ centre	un centre commercial
a megamall	un hypermarché géant
an arcade	une galerie marchande
a market	un marché
a flea market	un marché aux puces
small shops	le petit commerce
the corner shop	la boutique au coin de la rue
a dairy	une crèmerie
a bakery/ a baker's (shop)	une boulangerie
a butcher's (shop)	une boucherie
a grocery/ a grocer's (shop)	une épicerie
a grocer	un épicier
a sweet shop	une confiserie
a fishmonger (Br) / *fish merchant* (US)	un poissonnier
a fish shop/ a fishmonger's	une poissonnerie
a dry cleaner's	un pressing
a stationery/ a stationer's (shop)	une papeterie
a farmer's market	un marché bio
a flower shop	un fleuriste
a pet shop	une animalerie
a shoe shop	un magasin de chaussures
a hairdresser's	un salon de coiffure
a jeweller's	une bijouterie
a launderette	une laverie automatique
a newsagent's	un marchand de journaux
a bookshop	une librairie
a do-it-yourself shop	un magasin de bricolage
an off-licence	un magasin de vins et spiritueux
a pharmacy/ a chemist's	une pharmacie
a restaurant	un restaurant
a sandwich bar	une sandwicherie
a takeaway	une boutique de plats à emporter

01 02 03 04 05 06 07 08 09 10 11 12 13 14 15 16 17 18 19 20 21 22 23 24 25 26 27 28 29 30 31 32 33 34 35 36

LES NOMS (suite)

a delicatessen	une épicerie fine
In the shops	Dans les magasins
a shop window	une vitrine
a department	un rayon
a cash desk	une caisse
a counter	un comptoir
goods	des marchandises
an item/an article	un article
a price tag	une étiquette
a product	un produit
a brand	une marque
an advertisement	une publicité
the sales	les soldes
a counterfeit	une contrefaçon
a purchase	un achat
hire purchase (Br)/ an installment plan (US)	un achat à crédit
an instal(l)ment	une mensualité (crédit)
payment facilities	des facilités de paiement
a bargain	une (bonne) affaire
junk	de la camelote
a checkout	une caisse (supermarché)
a cash desk	une caisse (dans un magasin)
a cash register	une caisse enregistreuse
a bar code	un code-barre
a label	une étiquette
a sample	un échantillon
a price	un prix
a deposit	un acompte / des arrhes
a discount	une réduction
a launch price	un prix de lancement
an invoice	une facture
a receipt	un reçu
VAT (value added tax)	la TVA (taxe sur la valeur ajoutée)
a trade mark	une marque déposée
a warranty/ a guarantee	une garantie
after-sales service	le service après-vente
e-commerce	le commerce en ligne
online shopping	les achats sur Internet
a customer	un client
a shopper	un acheteur / un journal publicitaire (US)
a consumer	un consommateur
a trolley (Br) / a cart (US)	un chariot
a shopping basket	un panier
a shopping bag	un sac à provisions
a buyer	un acheteur
a shop assistant	un vendeur
a shoplifter	un voleur à l'étalage
a security guard	un vigile

LES ADJECTIFS

expensive	cher
cheap	bon marché/ de mauvaise qualité
free	gratuit
priceless	inestimable
valueless/worthless	sans valeur
advantageous	intéressant (prix)
new	neuf/nouveau
second-hand	d'occasion
on sale	en solde
takeaway	à emporter (alimentation)
economical	économique

Les mots en contexte

Business is business. Les affaires sont les affaires. *Buy now, pay later.* Achetez maintenant, payez plus tard. *Sell by... (date)/ BB... (best before).* Date limite de consommation... (date)/À consommer avant... *When she was depressed, she'd do a little retail therapy.* Quand elle avait un coup de blues, elle se défoulait en faisant du shopping. *Michael couldn't resist a bargain. He was a compulsive buyer.* Michael ne pouvait pas résister à une bonne affaire. C'était un consommateur compulsif. *I went on a little spending spree.* J'ai fait quelques folies (achats). *You are allowed to take three items into the changing rooms.* Vous avez droit à trois articles dans la cabine d'essayage. *That's good value for money.* C'est un bon rapport qualité/prix. *Shoplifters will be prosecuted.* Les voleurs à l'étalage seront poursuivis en justice. *Fair trade not free trade.* Oui au commerce équitable, non au libre échange. *Why not cut out the middleman?* Pourquoi ne pas supprimer les intermédiaires ?

LES VERBES

★ *shop/go shopping/* ★ *do the shopping*	faire les courses
★ *go window-shopping*	faire du lèche-vitrine
wrap	emballer
*del**i**ver*	livrer
★ *buy*	acheter
★ *buy on credit*	acheter à crédit
*exch**a**nge*	échanger
★ *pay cash*	payer en liquide
★ *pay by cheque/ check* (US)	payer par chèque
★ *pay by inst**a**l(l)ments*	payer par mensualités
★ *sell*	vendre
★ *sell wh**o**lesale*	vendre en gros
retail	vendre au détail
supply	fournir
★ *spend*	dépenser
★ *go up/rise*	augmenter (prix)
★ *go down*	baisser (prix)
*ec**o**nomize on*	économiser sur
save	faire des économies

30.

Business

Les affaires

LES NOMS

Banking	Le monde de la banque
an account	un compte
a savings account	un compte d'épargne
a cheque/check (US)	un chèque
a cheque book	un chéquier
a credit card	une carte de crédit
plastic money	les cartes de crédit
cash	du liquide
a cash dispenser/machine	un distributeur automatique
direct debit	le prélèvement automatique
the income	le revenu
savings	les économies
(have an) overdraft	être à découvert
a debt	une dette
a currency	une devise/monnaie
the exchange rate	le taux de change
a banker	un banquier
a cashier	un caissier
a loan	un emprunt/prêt
a mortgage	un emprunt immobilier
interest rates	les taux d'intérêt
monthly instalments	des mensualités
a safe	un coffre

The Stock Exchange	La Bourse
a stockbroker	un agent de change
assets	les actifs/les avoirs
a bond/debenture	une obligation
securities	les valeurs
a share	une action
a stake in	une part dans
an investment	un investissement
hedge funds	les fonds spéculatifs
LBO (leveraged buy out)	le rachat avec effet de levier financier
private equity	les fonds de capital-investissement
a premium	une prime
a crash	un krach boursier
insider trading	le délit d'initié
a takeover bid	une offre publique d'achat
a tax	un impôt
a tax haven	un paradis fiscal
profit and loss	les pertes et profits
gains	les profits/une plus-value

The corporate world	Les entreprises
a business man	un homme d'affaires
a company	une société
a firm	une entreprise
a joint-stock company	une société par actions
a limited company	une société anonyme
a branch	une succursale
a subsidiary	une filiale
the head office	le siège
a corporation	une grande entreprise
corporate culture	l'esprit d'entreprise
the management	la direction
the staff	le personnel
the board of directors	le conseil d'administration
an investor	un investisseur
a shareholder	un actionnaire
the turnover	le chiffre d'affaires
a balance sheet	un bilan
book-keeping	la comptabilité
liabilities	les dettes
overheads	les frais généraux
an invoice	une facture
bankruptcy	la faillite
a merger	une fusion
marketing	la mercatique

Les mots en contexte

This software firm has won market share in the US. Cette société de logiciels a gagné des parts de marché aux États-Unis. *Exports have grown at a tremendous rate, and profit is on the rise.* Les exportations ont augmenté très rapidement et les bénéfices sont en hausse. *Interest earned on savings from financial institutions abroad will no longer be safe from the eyes of the Inland Revenue.* Les intérêts perçus sur des placements dans des institutions financières à l'étranger ne seront plus à l'abri du fisc. *The Bank of England has raised interest rates three times this year and GDP (gross domestic product) has slowed.* La Banque d'Angleterre a augmenté les taux d'intérêt trois fois cette année et le PNB s'est ralenti. *VAT on cars has dropped.* La TVA sur les voitures a baissé.

Global trade	Les échanges mondiaux
competition	la concurrence
a consumer	un consommateur
the balance of trade	la balance commerciale
a boom	une forte progression
a depression	une dépression
a slump	un effondrement
a forecast	une prévision
market share	des parts de marché
commodities	les matières premières
goods	les marchandises
customs duties	les droits de douane
exports/imports	les exportations/importations
fair trade	le commerce équitable
(the) barter (system)	le (système de) troc
an order	une commande
a supplier	un fournisseur
supply and demand	l'offre et la demande
VAT (value added tax)	la TVA
a wholesaler	un grossiste
a retailer	un détaillant
a trader	un négociant

LES ADJECTIFS

brisk	actif
bear	à la baisse (marché)
bull	vif/actif (marché)
dull	morose
profitable	rentable
risky	risqué
safe	sûr
steady	régulier
corporate	d'entreprise
(in)solvent	(in)solvable
monetary	monétaire
wholesale	(en/de) gros

LES VERBES

★ *buy on credit*	acheter à crédit
borrow	emprunter
★ *lend*	prêter
owe	devoir
purchase	acheter
cash a cheque	encaisser un chèque
invest	investir
insure	assurer
★ *put by/save*	économiser
reimburse	rembourser
★ *pay by instalments* (Br)	rembourser à crédit
★ *make a deposit*	faire un dépôt d'argent
★ *withdraw*	retirer (de l'argent)
speculate	spéculer
raise/push up the bidding	faire monter les enchères
waste	gaspiller
boom	prospérer/monter en flèche
collapse	s'effondrer
★ *grow*	croître
★ *fall*	tomber
increase	augmenter
decrease	diminuer
★ *lead*	être à la tête d'un marché
order	commander
outsource	sous-traiter/externaliser
plummet	s'effondrer
rocket	décoller

31.

Industry
L'industrie

LES NOMS

*heavy **i**ndustry*	l'industrie lourde
*light **i**ndustry*	l'industrie légère
*the food **i**ndustry*	l'industrie agroalimentaire
*the car **i**ndustry*	l'industrie automobile
*the ch**e**mical **i**ndustry*	l'industrie chimique
*the oil **i**ndustry*	l'industrie du pétrole
*the steel **i**ndustry*	la sidérurgie
*c**i**vil engin**ee**ring*	les travaux publics
*m**i**ning*	l'industrie minière
*manuf**a**cturing*	la fabrication
*the t**e**rtiary s**e**ctor*	le secteur tertiaire

Plants — Les usines

*a f**a**ctory*	une usine
a work site	un chantier
*an ass**e**mbly line*	une chaîne de montage
a gas works/house	une usine à gaz
a steel works	une aciérie
*an **i**ron works*	une usine sidérurgique
a (nuclear) ***p**ower station*	une centrale (nucléaire)
a mine	une mine
a coalfield	un bassin houiller
an oilfield	un gisement de pétrole
*a ref**i**nery*	une raffinerie
an oil rig/ platform	une plate-forme pétrolière
*a p**i**peline*	un oléoduc/ gazoduc
a ship yard	un chantier naval
*an ind**u**strial est**a**te/park* (US)	une zone industrielle

Labour/ Labor (US) — La main-d'œuvre

a worker	un ouvrier
(un)skilled labour	la main-d'œuvre (non) qualifiée
*an engin**ee**r*	un ingénieur
*engin**ee**ring*	l'ingénierie
*a techn**i**cian*	un technicien
*a sc**i**entist*	un scientifique
*the m**i**nimum wage*	le salaire minimum
*the **u**nempl**oy**ed*	les chômeurs
*unempl**oy**ment*	le chômage
a strike	une grève
*red**u**ndancy*	le licenciement économique
layoffs	les licenciements
*trade **u**nions*	les syndicats
*econ**o**mic growth*	la croissance économique

Manufacturing — La fabrication

*a pr**o**duct*	un produit
the output	la production/ le rendement
mass production	la production en série
*autom**a**tion*	l'automatisation/ la robotisation
quality	la qualité
an amount of	une quantité de
a deadline	un délai
safety	la sécurité
faults	les défauts
*m**ai**ntenance*	l'entretien
*profitab**i**lity*	la rentabilité
*manuf**a**cturing costs*	les coûts de production
***i**ndustry st**a**ndards*	les normes industrielles

Materials and energy — Les matériaux et l'énergie

raw materials	les matières premières
fuel	le carburant
biofuel	le biocarburant
coal	le charbon

01 02 03 04 05 06 07 08 09 10 11 12 13 14 15 16 17 18 19 20 21 22 23 24 25 26 27 28 29 30 31 32 33 34 35 36

Les mots en contexte

Some plants in the metal industries have closed down. Un certain nombre d'usines ont fermé dans le secteur de la métallurgie. *Thousands of workers have been laid off.* Des milliers d'ouvriers ont été licenciés. *The tourism industry has created a large number of jobs.* L'industrie du tourisme a créé un grand nombre d'emplois. *They have decided to relocate the firm in Asia.* Ils ont décidé de délocaliser l'entreprise en Asie. *Immigrant workers are a large part of the U.S. labor force.* Les travailleurs immigrés constituent une partie importante de la main-d'œuvre aux États-Unis.

chemicals	les produits chimiques
plastics	les matières plastiques
iron	le fer
steel	l'acier
asbestos	l'amiante
(re-inforced) concrete	le béton (armé)
electric power	l'énergie électrique
renewable energy	l'énergie renouvelable
(an) alloy	un alliage
brass	le cuivre jaune
bronze	le bronze
copper	le cuivre
glass	le verre
gold	l'or
lead	le plomb
ore	le minerai
rubber	le caoutchouc
silicon	le silicium
silver	l'argent
uranium	l'uranium
zinc	le zinc

Machinery — Les machines

a machine	une machine
industrial machinery	les équipements industriels
an appliance	un appareil
an engine	un moteur
a generator	un groupe électrogène
a reactor	un réacteur
a pump	une pompe
a tank	un réservoir
a turbine	une turbine
a gauge	une jauge
a magnet	un aimant
a microscope	un microscope
spare parts	des pièces de rechange
a wire	un fil/câble

LES ADJECTIFS

available	disponible
competitive	concurrentiel, compétitif
cost effective	rentable
crude	brut
faulty	défectueux
hazardous	dangereux
high-tech	de pointe
risky	dangereux
safe	sans danger
synthetic	synthétique
toxic	toxique

LES VERBES

check	vérifier
conceive	concevoir
deliver	livrer
★ *dig*	creuser
drill	forer
explode	exploser
hire	embaucher
fix/repair	réparer
★ *go on strike*	se mettre en grève
★ *lay off*	licencier
(un)load	(dé)charger
produce	produire
supply	fournir
ship	expédier (par bateau)
switch on/off	mettre en route/arrêter

32.

Politics and citizenship
Politique et citoyenneté

LES NOMS

a state	un État
the government	le gouvernement
the Administration (US)	le gouvernement
the Welfare State	l'État providence
a kingdom	un royaume
an empire	un empire
a principality	une principauté
a monarchy	une monarchie
a republic	une république
a union	une union
a federation	une fédération
a regime	un régime politique
a democracy	une démocratie
an aristocracy	une aristocratie
a tyranny	une tyrannie
anarchy	l'anarchie
dictatorship	la dictature

Heads of State — Les chefs d'état

a president	un président
a life president	un président à vie
the Prime Minister	le Premier ministre
the Head of State	le chef de l'État
a dictator	un dictateur
a despot	un despote
a sovereign	un souverain
an emperor	un empereur
an empress	une impératrice
a king	un roi
a queen	une reine
a prince	un prince

Politics — La politique

a politician	un(e) homme / femme politique
a policy	une politique
the majority	la majorité
a think tank	une cellule de réflexion
a lobby	un groupe de pression
a spin doctor	un conseiller en communication
the opposition	l'opposition
a leader	un leader
an MP (Member of Parliament) (Br)	un député
a representative (US)	un député
a senator	un sénateur
a mayor	un maire
the right	la droite
the centre (Br) / *the center* (US)	le centre
the left	la gauche
a socialist	un socialiste
a communist	un communiste
a liberal	un libéral
a republican	un républicain
a democrat	un démocrate
a green	un vert
a moderate	un modéré
a nationalist	un nationaliste
a fascist	un fasciste
a reactionary	un réactionnaire
an activist	un militant
the Conservative Party (Br)	le parti conservateur
the Labour party (Br)	le parti travailliste
the Liberal Democrats (Br)	le parti social-démocrate
the Republican Party (US)	le parti républicain
the Democratic party (US)	le parti démocrate
a demonstration	une manifestation
a demonstrator	un manifestant
unrest	de l'agitation
a revolution	une révolution
an uprising	un soulèvement
a coup	un coup d'État

Voting — Le vote

a campaign	une campagne

a candidate	un candidat
a constituency	une circonscription électorale
a contender	un concurrent
an opponent	un adversaire
a ticket	une liste politique
an election	une élection
a general election	des élections législatives
a bye-election	une élection partielle
a caucus (US)	une élection primaire
a platform	un programme
activism	le militantisme
an opinion poll	un sondage d'opinion
a spokesman/ spokesperson	un(e) porte-parole
a polling booth (Br)/ *a voting booth* (US)	un isoloir
a voter	un électeur
a non-voter	un abstentionniste
a ballot box	une urne
a vote	un vote/une voix
a ballot paper	un bulletin de vote
a blank vote	un bulletin blanc
the electorate	l'électorat
the electoral register/role	la liste électorale

Human rights	Les droits de l'homme
fundamental rights	les droits fondamentaux
equal rights	l'égalité des droits
equal opportunities	l'égalité des chances
civil rights	les droits civiques
women's rights	les droits des femmes
the rights of the child	les droits de l'enfant
affirmative action	la discrimination positive
freedom of worship	la liberté de culte
freedom of speech	la liberté d'expression

LES ADJECTIFS

democratic	démocrate
republican	républicain
totalitarian	totalitaire
moderate	modéré
left-wing	de gauche
right-wing	de droite
conservative	conservateur
reactionary	réactionnaire
multicultural	multiculturel
hereditary	héréditaire
legitimate	légitime

Les mots en contexte

The British Government. *The Prime Minister.* Le Premier ministre. *The Home Secretary.* Le ministre de l'Intérieur. *The Chancellor of the Exchequer.* Le ministre des Finances. *The Foreign Secretary.* Le ministre des Affaires étrangères. *The Lord Chancellor.* Le ministre de la Justice. *The Shadow Cabinet is formed by the leading figures of the Opposition.* Le cabinet fantôme désigne le gouvernement formé par les figures de premier plan de l'opposition.

The American Government. *The Secretary of the Interior.* Le ministre de l'Intérieur. *The Secretary of the Treasury.* Le ministre des Finances. *The State Secretary/Secretary of State.* Le ministre des Affaires étrangères. *The Attorney General.* Le ministre de la Justice.

The British Parliament. *The MPs (Members of Parliament) sit in The House of Commons.* Les députés siègent à la Chambre des Communes. *A general election is held every five years.* Les élections législatives ont lieu tous les cinq ans.

The American Congress. *The Congress is composed of the House of Representatives and The Senate.* Le Congrès est composé de la Chambre des Représentants et du Sénat.

LES VERBES

reign	régner
★ *hold an election*	procéder à une élection
★ *run for office*	être candidat
★ *take office*	entrer en fonction
support a candidate	apporter son soutien à un candidat
elect	élire
count the votes	dépouiller les bulletins
★ *win a sit*	remporter un siège
vote	voter
abstain	s'abstenir
back/support	appuyer/soutenir
appoint	nommer
govern	gouverner
demonstrate	manifester
oppose sb/sth	s'opposer à qqn/qqch
repress	réprimer
revolt	se révolter
★ *overthrow*	renverser
★ *rise against*	se soulever contre

33.

Justice and freedom

Justice et liberté

LES NOMS

Justice	La justice
a law	une loi
a discriminatory law	une loi discriminatoire
jurisprudence	la jurisprudence
the judicial authorities	les autorités judiciaires
a court	un tribunal
the courthouse	le palais de justice
the witness box	la barre des témoins
a jury	un jury
a case	une affaire judiciaire
a trial	un procès (droit pénal)
a lawsuit	un procès (droit civil)
the defence (Br) / *defense* (US)	la défense
The Attorney General (Br)	le procureur général
The Attorney General (US)	le ministre de la Justice
a magistrate	un magistrat
a judge	un juge
a Justice of the Peace	un juge de paix
an attorney (US) / *a barrister* (Br)	un avocat
a lawyer (Br)	un conseiller juridique / un avocat
a solicitor	un notaire / un conseiller juridique
a public prosecutor	un procureur
a bailiff	un huissier de justice
a juror	un juré
the defendant	l'inculpé / l'accusé
the plaintiff	le plaignant
a witness	un témoin
a victim	une victime
a case worker	un(e) assistant(e) social(e)
an arbitrator	un médiateur

Crimes	Les délits
a criminal record	un casier judiciaire
the crime rate	le taux de criminalité
a white-collar crime	un délit d'ordre financier
money laundering	le blanchiment d'argent
deliquency	la délinquance
shoplifting	le vol à l'étalage
a theft	un vol
a petty theft	un vol mineur
armed robbery	un vol à main armée
a burglary	un cambriolage
a rape	un viol
assault and battery	coups et blessures
(a) mugging	une agression
domestic violence	la violence conjugale
sexual slavery	l'esclavage sexuel
sexual harassment	le harcèlement sexuel
stoning	la lapidation
carjacking	le carjacking (piraterie routière)
a terrorist attack	un attentat terroriste
bombing	un attentat à la bombe
a car bomb	une voiture piégée
a bomb hoax	une fausse alerte à la bombe

Offenders	Les contrevenants
a culprit	un coupable
a juvenile delinquent	un jeune délinquant
a hooligan	un hooligan
a vandal	un vandale
an arsonist	un pyromane
an outlaw	un hors-la-loi
a thief (pl. thieves)	un voleur
a burglar	un cambrioleur

LES NOMS (suite)

a racketeer	un racketteur
a blackmailer	un maître chanteur
a crook/a swindler	un escroc
a forger	un faussaire
a smuggler	un contrebandier/ un passeur
a drug dealer	un dealer
a drug pusher	un revendeur de drogue
a murderer	un meurtrier/ assassin
a pimp	un souteneur
a pedophile	un pédophile
a rapist	un violeur
a serial killer	un tueur en série
a terrorist	un terroriste
a skyjacker/ a hijacker	un pirate de l'air

The verdict	Le verdict
asbo (anti-social behaviour order)	TIG (travaux d'intérêt général)
a suspended sentence	une peine avec sursis
an acquittal	un acquittement
a prison/a jail	une prison
a cell	une cellule
an inmate	un prisonnier
a death sentence	une condamnation à mort
the death penalty	la peine de mort
the electric chair	la chaise électrique
a miscarriage of justice	une erreur judiciaire

LES ADJECTIFS

law-abiding	respectueux des lois
honest	honnête
guilty	coupable
not guilty	non coupable
slanderous	diffamatoire
lawful	légitime
unlawful	illégitime
legal	légal
illegal	illégal

Les mots en contexte

Yes, your Honour. Oui, Monsieur le Juge. *Dial 999 (Br)/ 911 (US)!* Appelez police secours ! *He has been sentenced to life emprisonment.* Il a été condamné à la détention à vie. *They served a three-year sentence in jail.* Ils ont effectué une peine de prison de trois ans. *She was released after ten years in jail.* Elle a été libérée après dix ans de prison. *They were detained by the police for a night.* Ils ont été placés en garde à vue pendant une nuit. *He was arrested for drink-driving and possession of drugs.* On l'a arrêté pour conduite en état d'ivresse et détention de stupéfiants. *Four people were killed in a bomb attack.* Quatre personnes ont été tuées dans un attentat à la bombe. *A gunman suspected of wounding a police officer shot two people at a shopping center in Kansas City.* Un homme armé soupçonné d'avoir blessé un policier a tiré sur deux personnes dans un centre commercial de Kansas City.

LES VERBES

try sb	juger qqn
★ *go to law*	recourir à la justice
★ *be on oath*	être sous serment
commit perjury	faire un faux serment
★ *give evidence*	témoigner
testify	témoigner (sous serment)
★ *set a precedent*	faire jurisprudence
appeal	faire appel
fine sb	condamner à une amende
★ *break the law*	enfreindre la loi
commit a crime	commettre un délit
★ *catch sb in the act*	prendre qqn en flagrant délit
arrest	arrêter
search	fouiller
★ *hold in custody*	maintenir en garde à vue
lodge a complaint	porter plainte
issue a writ against sb	assigner qqn en justice
charge sb with	accuser qqn de / inculper qqn
plead	plaider
★ *be convicted*	être reconnu coupable
acquit	acquitter
release sb on bail	libérer qqn sous caution
★ *pay damages*	payer des dommages et intérêts
dismiss a case	classer une affaire
slander	diffamer
vandalize	vandaliser
blackmail	faire chanter
embezzle	détourner de l'argent
swindle	escroquer
★ *steal sth from sb*	voler qqch à qqn
★ *shoot sb*	blesser qqn par balle
rob a bank	dévaliser une banque
★ *break into*	entrer par effraction
Hijack / skyjack	détouner un avion
threaten	menacer
kidnap	kidnapper
★ *be maltreated*	être maltraité
rape	violer
murder	assassiner
pardon	gracier
★ *be jailed for life*	être condamné à vie
★ *be sentenced to death*	être condamné à mort
★ *be hanged*	être pendu

34.
Immigration
L'immigration

LES NOMS

Migrating	Émigrer
a civil war	une guerre civile
living conditions	les conditions de vie
voting right	le droit de vote
poverty	la pauvreté
torture	la torture
slavery	l'esclavage
prostitution	la prostitution
prejudice	les préjugés
starvation	la famine
discrimination	la discrimination
colour bar	la discrimination raciale
an ethnic minority	une minorité ethnique
xenophobia	la xénophobie
race relations	les relations interraciales
racism	le racisme
boat people	les boat people
migrants	les migrants
displacement	le déplacement (des populations)
deportation	l'expulsion

Official documents	Documents officiels
a certificate	un certificat
an identity document (an ID)	des papiers d'identité
a fake ID	un faux document d'identité
a passport	un passeport
an identity card	une carte d'identité
a tourist visa	un visa de tourisme
marital status	la situation familiale
a marriage certificate	un certificat de mariage
a birth/death certificate	un certificat de naissance/de décès
a family record book	un livret de famille
a file	un dossier
a certified copy	une copie certifiée conforme
working papers	des documents d'embauche
a green card (US)	une carte verte
a work permit	un permis de travail
a DNA test	un test ADN

The new country	Le pays d'accueil
the home country	le pays d'origine
right of asylum	le droit d'asile
a visa	un visa
an asylum seeker	un demandeur d'asile
a citizen	un citoyen
a native	un autochtone
a foreigner	un étranger
a stateless person	un apatride
political asylum	l'asile politique
a mixed marriage	un mariage mixte
an anchor baby	un enfant naturalisé par droit du sol
nationality	la nationalité
citizenship	la citoyenneté
dual nationality/citizenship	la double nationalité
birthright citizenship	la citoyenneté par le droit du sol
the Immigration Minister	le ministre de l'Immigration
a refugee	un réfugié
refugee camps	les camps de réfugiés
a dissident	un dissident
an alien	un étranger
an immigrant	un immigrant

an illegal immigrant	un clandestin
an immigrant smuggler	un passeur de clandestins
a coyote	un passeur (en Amérique latine)
a stowaway	un passager clandestin
an undocumented alien	un étranger sans papiers
an emigration policy	une politique d'immigration
a quota	un quota
moonlighting	le travail au noir
seasonal work	le travail saisonnier
a sweatshop	un atelier clandestin
emergency housing	un hébergement d'urgence
an allowance	une allocation
a maternity allowance	une allocation de maternité
family allowances	les allocations familiales
sickness benefit	l'assurance maladie
unemployment benefit	l'allocation chômage
income support	le revenu minimum d'insertion
assimilation	l'assimilation
a guest worker	un travailleur immigré
family reunification	le regroupement familial
freedom of movement	la libre circulation
schooling	l'accès à l'éducation
a NGO (a non governmental organization)	une ONG
the NHS (National Health Service)	la Sécurité sociale
Medicaid/Medicare (US)	(proche du système de) la CMU (couverture mutuelle universelle)

LES ADJECTIFS

foreign	étranger
in order	en règle
valid	valide
skilled	qualifié
out-of-date	périmé
illegal	illégal
intolerant	intolérant
discriminatory	discriminatoire
colour-blind	sans discrimination raciale
ethnic	ethnique
illiterate	illettré
unskilled	non qualifié
underpaid	sous-payé
underfed	sous-alimenté
exploited	exploité

Les mots en contexte

Until 1962, immigrants from Commonwealth countries were not subject to immigration control. Jusqu'en 1962, les immigrés des anciens pays du Commonwealth n'étaient pas assujettis aux contrôles d'immigration. *Today, for some people, entrance to the UK still depends on whether they are citizens of a Commonwealth nation but also on whether they have relatives who were born there.* Actuellement, dans certains cas, pour entrer au Royaume-Uni, il faut non seulement être originaire d'un pays du Commonwealth mais aussi avoir de la famille née au Royaume-Uni. *For further information as to whether you are likely to obtain a work permit, contact the Home Office or the UK Visa Services.* Pour tout renseignement complémentaire sur la possibilité d'obtenir un permis de travail, contactez le ministère de l'Intérieur ou le service des visas. *According to the U.S. Border Patrol, 1,954 people died crossing the United States-Mexico border between the years 1998-2004.* D'après la police des frontières aux USA, 1 954 personnes ont perdu la vie en traversant la frontière américano-mexicaine entre 1998 et 2004. *Citizenship Day is celebrated in the United States on September 17 to honor native-born and naturalized citizens of the United States.* Le Jour de la Citoyenneté est célébré le 17 septembre aux États-Unis en l'honneur des citoyens nés ou naturalisés dans le pays.

LES VERBES

escape from	s'échapper de
immigrate	immigrer
migrate/emigrate	émigrer
apply for	faire une demande
certify	certifier
★ *be domiciled in*	être domicilié à
issue	délivrer (un document)
register	inscrire
fill in a form (Br) / *fill out a form* (US)	remplir un formulaire
regularize	régulariser
★ *undergo a DNA test*	se soumettre à un test ADN
welcome	accueillir
★ *be on social security*	recevoir une aide sociale
settle	s'installer
integrate	s'intégrer
naturalize	naturaliser
sneak into a country	entrer clandestinement dans un pays
★ *keep out*	ne pas accueillir
★ *be turned away*	être refoulé
★ *send back*	renvoyer
deport	expulser
separate	séparer
tighten controls	renforcer les contrôles

35.

Armed forces

Les forces armées

LES NOMS

War and peace	La guerre et la paix
a civil war	une guerre civile
a germ war	une guerre biologique
World War I	la Première Guerre mondiale
World War II	la Deuxième Guerre mondiale
The Six-Day War	la guerre des Six Jours
the Cold War	la guerre froide
star wars	la guerre des étoiles
spying/espionage	l'espionnage
a spy	un espion
guerrilla warfare	la guérilla
a peace marcher	un marcheur/manifestant pour la paix
a pacifist	un pacifiste
a conscientious objector	un objecteur de conscience
the Blue Helmets	les Casques bleus
losses/casualties	les pertes (en vies humaines)
a strategy	une stratégie
tactics	la tactique
a campaign	une campagne
a battle	une bataille
a fight	un combat
a clash	un accrochage
an ambush	une embuscade
shooting	une fusillade
a shot	un coup de feu
pre-emptive air strikes	des bombardements préventifs
reprisal	des représailles
a ceasefire	un cessez-le-feu
an armistice	un armistice
a pact	un pacte
an arms-control treaty	un traité de contrôle des armements
a missile defense shield	un bouclier antimissile

The forces	Les forces armées
the air force	l'aviation
the navy	la marine
security forces	les forces de sécurité
a task force	un corps expéditionnaire
The Royal Air Force (RAF)	l'armée de l'air britannique

Troops	Les troupes
a regiment	un régiment
the headquarters (HQ)	le quartier général (QG)
an officer	un officier
a general	un général
a colonel	un colonel
a major	un chef de bataillon
a lieutenant	un lieutenant
a sergeant	un sergent
a paratrooper	un parachutiste
a private (Br) / *a GI* (US)	un soldat de 2e classe
a serviceman	un militaire
a veteran	un ancien combattant
a soldier	un soldat
a sniper	un tireur d'élite

Victims	Les victimes
a prisoner of war/war prisoner (a POW)	un prisonnier de guerre
a deserter	un déserteur
a hostage	un otage
a refugee	un réfugié
a displaced person	une personne déplacée
a prison camp	un camp de prisonniers
a concentration camp	un camp de concentration

01 02 03 04 05 06 07 08 09 10 11 12 13 14 15 16 17 18 19 20 21 22 23 24 25 26 27 28 29 30 31 32 33 34 35 36

LES NOMS (suite)

Ammunition	Les munitions
a rocket	une roquette
a torpedo	une torpille
a guided missile	un missile téléguidé
a nuclear warhead	une ogive nucléaire
an atomic warhead	une tête nucléaire
a gun	une arme à feu
a machine gun	une mitrailleuse
a submachine gun	un fusil mitrailleur
a shell	un obus
biological weapons	des armes biologiques
tear gas	le gaz lacrymogène

Aircraft	Les avions
an aircraft carrier	un porte-avions
a stealth bomber	un bombardier furtif
a drone	un drone / un avion téléguidé
a helicopter	un hélicoptère
an air raid	un bombardement aérien
a parachute	un parachute
a target	une cible

The fleet	La flotte
The Royal Navy	la marine britannique
The US Navy	la marine américaine
the admiralty	l'amirauté
a warship	un navire de guerre
a submarine	un sous-marin
a nuclear-powered submarine	un sous-marin nucléaire
a naval officer	un officier de marine
an admiral	un amiral
the marines	l'infanterie de marine
a checkpoint	un poste de contrôle
a metal detector	un détecteur de métal
a car bomb	une voiture piégée
a suicide bomber killer	un kamikaze

LES ADJECTIFS

hostile	hostile
friendly	ami
atomic	atomique
nuclear	nucléaire
peaceful	pacifique
wounded/injured	blessé
dead	mort
missing	porté disparu

Les mots en contexte

The UN peace-keeping force is deploying troops to persuade the rebels to respect the fragile ceasefire. Les forces de paix de l'ONU déploient des troupes pour inciter les rebelles à respecter le fragile cessez-le-feu. *Three people have been shot dead during cross fire after a car bomb exploded outside a shopping mall.* Trois personnes ont été tuées lors d'un échange de coups de feu à la suite de l'explosion d'une voiture piégée devant un centre commercial. *The soldier loaded his gun, took aim and fired.* Le soldat chargea son fusil, visa et tira. *The whole regiment charged on the enemy and hundreds of men were taken prisoners.* Tout le régiment chargea l'ennemi et des centaines d'hommes furent faits prisonniers. *It took little time to crush the uprising.* Il n'a pas fallu longtemps pour écraser l'insurrection. *The campaign for nuclear disarmament did a lot to make people aware of the dangers of nuclear weapons.* La campagne pour le désarmement nucléaire a beaucoup fait pour sensibiliser les gens aux dangers des armes nucléaires. *Land mines are still injuring and maiming innocent civilians a decade after the end of the conflict.* Les mines antipersonnel blessent et mutilent encore des innocents une décennie après la fin du conflit. War has broken out. La guerre a éclaté. *Make love not war.* Faites l'amour pas la guerre.

LES VERBES

	pacify	pacifier
★	*make peace*	faire la paix
	negotiate	négocier
	disarm	désarmer
	declare war	déclarer la guerre
★	*fight*	se battre
	struggle against sb	combattre qqn
	attack	attaquer
	defeat	battre
	invade	envahir
	besiege	assiéger
	kill	tuer
★	*shoot*	tirer (arme à feu)
★	*shoot down*	abattre (d'un coup de feu)
	maim	mutiler
	injure	blesser
	bomb	bombarder
	capitulate	capituler
	surrender	se rendre

36.

Cults and religions

Cultes et religions

LES NOMS

Beliefs	Les croyances
a believer	un croyant
(a) superstition	une/la superstition
monotheism	le monothéisme
polytheism	le polythéisme
fundamentalism	l'intégrisme
anticlericalism	l'anticléricalisme
faith	la foi
the spirit	l'esprit
conscience	la conscience
the soul	l'âme
a heresy	une hérésie
a prayer	une prière
a sermon	un sermon
a sin	un péché
blasphemy	le blasphème
a sinner	un pécheur
a vice	un vice
a virtue	une vertu
a remorse	un remords

Gods	Les dieux
Heaven/Paradise	le paradis
God Almighty	Dieu tout-puissant
the Lord	le Seigneur
a god/ a goddess	un dieu/ une déesse
the Holy Ghost/ the Holy Spirit	le Saint-Esprit
a messiah	un messie
a saint	un saint
a prophet	un prophète
a martyr	un(e) martyr(e) (personne)
martyrdom	le martyre (tourment)
an angel	un ange
a divinity	une divinité
an idol	une idole
Hell	l'enfer
the Devil	le Diable
a demon	un démon

Religions	Les religions
secularism	la laïcité
Christianity	le christianisme
Catholicism	le catholicisme
Protestantism	le protestantisme
Evangelicalism	l'évangélisme
The Church of Jesus Christ of Latter-day Saints	l'Église des saints des derniers jours
The Mormon Church	l'Église mormone
Islam	l'islam
Islamism	l'islamisme
Judaism	le judaïsme
Hinduism	l'hindouisme
Buddhism	le bouddhisme
The Bible	la Bible
the Old Testament	l'Ancien Testament
the New Testament	le Nouveau Testament
the Holy Scriptures	Les Saintes Écritures
the Gospels	les Évangiles
The Last Supper	La Cène
Scientology	la Scientologie
the Koran	le Coran
the Torah	la Torah

Believers and non-believers	Les croyants et les non-croyants
an agnostic	un agnostique
an atheist	un athée
a free thinker	un libre penseur
a lay person	un laïque
a pagan	un païen
a fundamentalist	un intégriste
a zealot	un fanatique
a Christian	un chrétien
A Roman Catholic	un catholique
a Protestant	un protestant
an Anglican	un Anglican
an Evangelist	un évangéliste
a Muslim/a Moslem	un musulman
a Jew/a Jewess	un juif/une juive

a Jehovah's witness	un témoin de Jéhovah
a Buddhist	un bouddhiste
a Sikh	un Sikh

Places of worship	Lieux de culte
a church	une église
a churchgoer	un pratiquant
a parish	une paroisse
a cathedral	une cathédrale
a chapel	une chapelle
a convent	un couvent
a monastery	un monastère
a cloister	un cloître
a steeple	un clocher
a cross	une croix
a temple	un temple
a mosque	une mosquée
a minaret	un minaret
a synagogue	une synagogue
a pagoda	une pagode

Clergies	Les clergés
the Pope	le pape
an archbishop	un archevêque
a bishop	un évêque
a cardinal	un cardinal
a priest	un prêtre
a parson	un pasteur
a monk	un moine
a friar	un frère
a nun	une religieuse
a vicar	un curé
a rabbi	un rabbin
an imam	un imam
a pilgrim	un pèlerin
a pilgrimage	un pèlerinage
a cult	une secte / un culte
a sect	une secte
a guru	un gourou
witchcraft	la sorcellerie
a witch	une sorcière
a wizard	un sorcier

LES ADJECTIFS

religious	religieux
secular / lay	laïque
profane	profane
practising	pratiquant
holy	saint
sacred	sacré
spiritual	spirituel / religieux
pious / godly	pieux
impious	impie
fanatical	fanatique
blasphemous	blasphématoire
superstitious	superstitieux
demoniac	démoniaque
agnostic	agnostique
atheistic	athée
devout	fervent
pagan	païen
animist	animiste
sectarian	sectaire
sacred	sacré
charismatic	charismatique
heretical	hérétique
evil	mal

Christian	chrétien
Judeo-Christian	judéo-chrétien
Roman Catholic	catholique
Anglican	anglican
Orthodox	orthodoxe
Muslim/Moslem	musulman
Islamic	islamique
Jewish	juif

Les mots en contexte

I pray to God. Je prie Dieu. *He made the sign of the cross.* Il fit le signe de croix. *Confess your sins!* Confesse tes péchés ! *The pilgrims invoked God's help.* Les pèlerins firent appel à l'aide de Dieu. *Christians and Jews believe in the same God.* Les chrétiens et les juifs croient au même Dieu. *There is only one God, Allah, and Mohammed is his prophet.* Il n'y a qu'un Dieu et Mahomet est son prophète. *Judaism holds that the Messiah is still to come.* Le judaïsme soutient l'idée que le Messie n'est pas encore arrivé. *The caste system and polytheism are parts of Hinduism.* Le système des castes et le polythéisme font partie de l'hindouisme. *Thou shalt not kill.* Tu ne tueras point. *The ten Commandments.* Les Dix Commandements. *The Gospel according to Saint John.* L'Évangile selon saint Jean. *The Seven Deadly Sins.* Les sept péchés capitaux. *The islamic law/the Sharia.* La loi islamique/la Charia. *Wearing (of) the veil.* Le port du voile. *Desecration of graves.* La profanation de tombes. *Conspicuous religious symbols.* Symboles religieux ostentatoires.

LES VERBES

*bel**ie**ve (in sth/sb)*	croire (à qqch/en qqn)
★ *have faith*	avoir la foi
pray	prier
*inv**o**ke*	invoquer
*b**a**ptize/christen*	baptiser
*c**e**lebrate*	célébrer
*conf**e**ss*	confesser
★ *forg**i**ve*	pardonner
*rep**e**nt*	se repentir
fast	jeûner
***e**xpiate*	expier
*conv**e**rt*	convertir
preach	prêcher
*ev**a**ngelize*	évangéliser
*excomm**u**niate*	excommunier
sin	pécher
*w**o**rship*	adorer / vénérer
*s**a**crifice*	sacrifier
bless	bénir
curse	maudire

Annexes

Index des mots-clés français et anglais

Les renvois se font aux chapitres et non aux pages.

Verbes irréguliers

Les verbes suivis de * ont aussi une forme régulière.

A ▶	**to abide**	*I abode*	*abode*	**demeurer, supporter**
	to arise	*I arose*	*arisen*	**se lever**
	to awake	*I awoke*	*awoken*	**s'éveiller**
B ▶	**to be**	*I was*	*been*	**être**
	to bear	*I bore*	*borne*	**porter**
	to beat	*I beat*	*beaten*	**battre**
	to become	*I became*	*become*	**devenir**
	to begin	*I began*	*begun*	**commencer**
	to behold	*I beheld*	*beheld*	**contempler**
	to bend	*I bent*	*bent*	**courber**
	to bet	*I bet*	*bet*	**parier**
	to bid	*I bade*	*bidden*	**ordonner**
	to bid	*I bid*	*bid*	**enchérir**
	to bind	*I bound*	*bound*	**lier**
	to bite	*I bit*	*bitten*	**mordre**
	to bleed	*I bled*	*bled*	**saigner**
	to blend	*I blent*[1]*	*blent**	**mélanger**
	to blow	*I blew*	*blown*	**souffler**
	to break	*I broke*	*broken*	**briser**
	to breed	*I bred*	*bred*	**élever**
	to bring	*I brought*	*brought*	**apporter**
	to build	*I built*	*built*	**construire**
	to burn	*I burnt**	*burnt**	**brûler**
	to burst	*I burst*	*burst*	**éclater**
	to buy	*I bought*	*bought*	**acheter**
C ▶	**to cast**	*I cast*	*cast*	**lancer**
	to catch	*I caught*	*caught*	**attraper**
	to chide	*I chid*	*chid(den)*	**gronder**
	to choose	*I chose*	*chosen*	**choisir**
	to cling	*I clung*	*clung*	**s'accrocher**
	to clothe	*I clad**	*clad**	**s'habiller**
	to come	*I came*	*come*	**venir**
	to cost	*I cost*	*cost*	**coûter**
	to creep	*I crept*	*crept*	**ramper**
	to crow	*I crew**	*crowed*	**chanter (coq)**
	to cut	*I cut*	*cut*	**couper**

[1] *Blended* est plus fréquent.

D	**to dare**	*I durst**[2]	*dared*	**oser**
	to deal	*I dealt*	*dealt*	**distribuer**
	to dig	*I dug*	*dug*	**creuser**
	to do	*I did*	*done*	**faire**
	to draw	*I drew*	*drawn*	**tirer**
	to dream	*I dreamt**	*dreamt**	**rêver**
	to drink	*I drank*	*drunk*	**boire**
	to drive	*I drove*	*driven*	**conduire**
	to dwell	*I dwelt*	*dwelt*	**demeurer**
E	**to eat**	*I ate*	*eaten*	**manger**
F	**to fall**	*I fell*	*fallen*	**tomber**
	to feed	*I fed*	*fed*	**nourrir**
	to feel	*I felt*	*felt*	**ressentir**
	to fight	*I fought*	*fought*	**combattre**
	to find	*I found*	*found*	**trouver**
	to flee	*I fled*	*fled*	**s'enfuir**
	to fling	*I flung*	*flung*	**lancer**
	to fly	*I flew*	*flown*	**voler**
	to forbid	*I forbade*	*forbidden*	**interdire**
	to forget	*I forgot*	*forgotten*	**oublier**
	to forgive	*I forgave*	*forgiven*	**pardonner**
	to forsake	*I forsook*	*forsaken*	**abandonner**
	to freeze	*I froze*	*frozen*	**geler**
G	**to get**	*I got*	*got*	**obtenir**
	to gild	*I gilded**	*gilt**	**dorer**
	to gird	*I girt**	*girt**	**ceindre**
	to give	*I gave*	*given*	**donner**
	to go	*I went*	*gone*	**aller**
	to grind	*I ground*	*ground*	**moudre**
	to grow	*I grew*	*grown*	**croître**
H	**to hang**	*I hung*	*hung**	**suspendre**
	to have	*I had*	*had*	**avoir**
	to hear	*I heard*	*heard*	**entendre**
	to hide	*I hid*	*hidden*	**cacher**
	to hit	*I hit*	*hit*	**frapper**
	to hold	*I held*	*held*	**tenir**
	to hurt	*I hurt*	*hurt*	**blesser**
K	**to keep**	*I kept*	*kept*	**garder**
	to kneel	*I knelt*	*knelt*	**s'agenouiller**
	to knit	*I knit**	*knit**	**tricoter**
	to know	*I knew*	*known*	**connaître**
L	**to lay**	*I laid*	*laid*	**étendre**
	to lead	*I led*	*led*	**conduire**
	to lean	*I leant**	*leant**	**se pencher**

[2] *Dared* est plus fréquent.

	to leap	I leapt*	leapt*	bondir
	to learn	I learnt*	learnt*	apprendre
	to leave	I left	left	quitter
	to lend	I lent	lent	prêter
	to let	I let	let	louer, laisser
	to lie	I lay	lain	être allongé
	to light	I lit*	lit*	éclairer
	to lose	I lost	lost	perdre
M ▶	to make	I made	made	faire
	to mean	I meant	meant	signifier
	to meet	I met	met	rencontrer
	to mistake	I mistook	mistaken	se méprendre
	to mow	I mowed	mown*	faucher
O ▶	to overcome	I overcame	overcome	surmonter
P ▶	to pay	I paid	paid	payer
	to put	I put	put	poser, mettre
R ▶	to read	I read	read	lire
	to rend	I rent	rent	déchirer
	to rid	I rid	rid	débarasser
	to ride	I rode	ridden	aller à cheval
	to ring	I rang	rung	sonner
	to rise	I rose	risen	se lever
	to run	I ran	run	courir
S ▶	to saw	I sawed	sawn*	scier
	to say	I said	said	dire
	to see	I saw	seen	voir
	to seek	I sought	sought	chercher
	to sell	I sold	sold	vendre
	to send	I sent	sent	envoyer
	to set	I set	set	poser
	to sew	I sewed	sewn	coudre
	to shear	I shore*	shorn*	tondre
	to shed	I shed	shed	verser (des larmes)
	to shake	I shook	shaken	secouer
	to shine	I shone	shone	briller
	to shoe	I shod	shod	chausser, ferrer
	to shoot	I shot	shot	tirer (fusil)
	to show	I showed	shown*	montrer
	to shrink	I shrank	shrunk	retrécir
	to shut	I shut	shut	fermer
	to sing	I sang	sung	chanter
	to sink	I sank	sunk	s'enfoncer
	to sit	I sat	sat	être assis
	to slay	I slew	slain	tuer
	to sleep	I slept	slept	dormir
	to slide	I slid	slid	glisser
	to sling	I slung	slung	lancer (avec une fronde)
	to slink	I slunk	slunk	se dérober

	to slit	I slit	slit	fendre
	to smell	I smelt*	smelt*	sentir (odorat)
	to sow	I sowed	sown	semer
	to speak	I spoke	spoken	parler
	to speed	I sped	sped	(se) hâter
	to spell	I spelt	spelt	épeler
	to spend	I spent	spent	dépenser
	to spill	I spilt*	spilt*	répandre
	to spin	I spun	spun	filer
	to spit	I spat	spat	cracher
	to split	I split	split	(se) fendre
	to spoil	I spoilt*	spoilt*	gâter
	to spread	I spread	spread	étaler
	to spring	I sprang	sprung	jaillir, sauter
	to stand	I stood	stood	être debout
	to steal	I stole	stolen	dérober
	to stick	I stuck	stuck	coller
	to sting	I stung	stung	piquer
	to stink	I stank	stunk	sentir mauvais
	to strike	I struck	struck	frapper
	to string	I strung	strung	enfiler
	to strive	I strove	striven	s'efforcer
	to swear	I swore	sworn	jurer
	to sweep	I swept	swept	balayer
	to swell	I swelled	swollen*	gonfler
	to swim	I swam	swum	nager
	to swing	I swung	swung	(se) balancer
T ►	to take	I took	taken	prendre
	to teach	I taught	taught	enseigner
	to tear	I tore	torn	déchirer
	to tell	I told	told	raconter
	to think	I thought	thought	penser
	to thrive	I throve	thriven	prospérer
	to throw	I threw	thrown	jeter
	to thrust	I thrust	thrust	pousser, fourrer
	to tread	I trod	trodden	fouler aux pieds
U ►	to understand	I understood	understood	comprendre
	to upset	I upset	upset	renverser
W ►	to wake	I woke*	woke(n)*	s'éveiller
	to wear	I wore	worn	porter (vêtements)
	to weave	I wove	woven	tisser
	to weep	I wept	wept	pleurer
	to win	I won	won	gagner
	to wind	I wound	wound	remonter
	to withdraw	I withdrew	withdrawn	retirer
	to write	I wrote	written	écrire

Imprimé en France par EMD S.A.S.
Dépôt légal : mai 2008 – N° d'imprimeur : 19225